SALUS

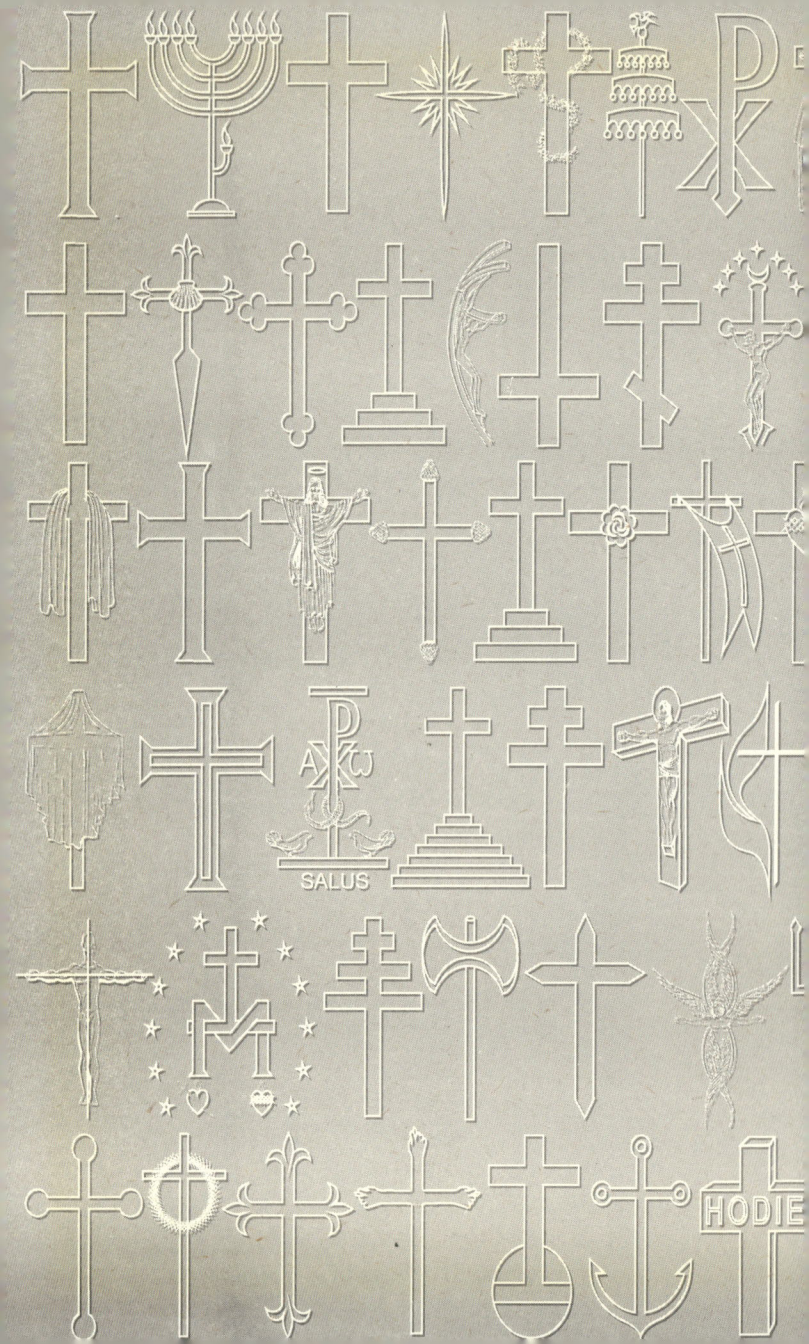

HODIE

ENEIDA DUARTE GASPAR

O CAMINHO DA CRUZ

origens
significados
usos espirituais
e religiosos de
133 diferentes cruzes

PALLAS

Rio de Janeiro
Impresso no Brasil

Copyright© 2001, by:
Eneida Duarte Gaspar

Editor:
Cristina Fernandes Warth

Coordenação Editorial:
Heloisa Brown

Revisão Tipográfica:
Heloisa Brown

Projeto Gráfico, Editoração e Ilustrações:
Renato Martins

Fotolitos de Capa:
Minion Tipografia

CIP-BRASIL. CATALOGAÇÃO-NA-FONTE.
SINDICATO NACIONAL DOS EDITORES DE LIVROS, RJ.

G232c   Gaspar, Eneida Duarte, 1950-.
         O caminho da Cruz: origens, significados, usos espirituais e religiosos de 133 diferentes cruzes. / Eneida Duarte Gaspar [projeto gráfico, editoração e ilustrações: Renato Martins]– Rio de Janeiro : Pallas, 2001.

112p. ; 18 cm
ISBN 85-347-0296-9

1. Cruz e cruzes – Culto. I. Título.

01-1242   CDD 291.37
                                                                 CDU 291.37

Pallas Editora e Distribuidora Ltda.
Rua Frederico de Albuquerque, 44 e 56 – Higienópolis
21050-840 – Rio de Janeiro – RJ
Tel.: (0xx21) 2270-0186 /2590-6996
E-mail: pallas@alternex.com.br
Home Page: www.pallaseditora.com.br

SUMÁRIO

A cruz como símbolo universal, 7
. A cruz no espaço e no tempo, 8
. A cruz da criação, 12
. A mandala, 14
. A árvore da vida, 16
. O corpo humano, 18
. A cruz da vida, 20
. A cruz do sacrifício, 25

A cruz na iconografia cristã, 27
. O desenho das cruzes, 28
. Cruzes quadradas, 31
. Cruzes latinas, 49
. Cruzes em aspa, 65
. Cruzes de três braços, 68
. Cruzes das grandes ordens militares e religiosas cristãs, 70

A cruz nas tradições populares brasileiras, 76

Orações e Devoções, 85

Bibliografia, 106

Índice remissivo, 107

A CRUZ COMO SÍMBOLO UNIVERSAL

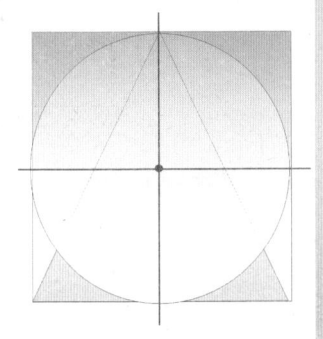

A cruz é um dos símbolos fundamentais e universais da espécie humana, juntamente com o ponto (o centro), a reta (o movimento), o círculo (a realização), o triângulo (o equilíbrio) e o quadrado (a estabilidade); é ela que estabelece a relação entre todos os outros símbolos. No simbolismo mágico dos quatro elementos, a cruz é uma das possíveis representações da terra (a outra é o quadrado, enquanto que o ar, o fogo e a água são representados respectivamente pelo círculo, pelo triângulo e pelo crescente lunar). Por este motivo, a cruz é a base de toda orientação espacial e temporal, tendo as funções de síntese e de medida.

A CRUZ NO ESPAÇO E NO TEMPO

Assentada sobre o solo, a cruz organiza o espaço, dividindo-o em compartimentos delimitados pelos pontos cardeais.

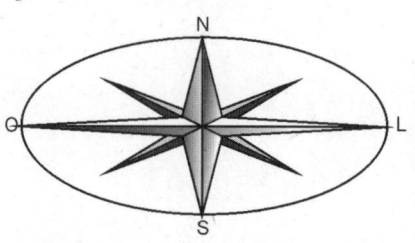

Na dimensão do tempo, ela mostra a divisão do ano nas quatro estações ...

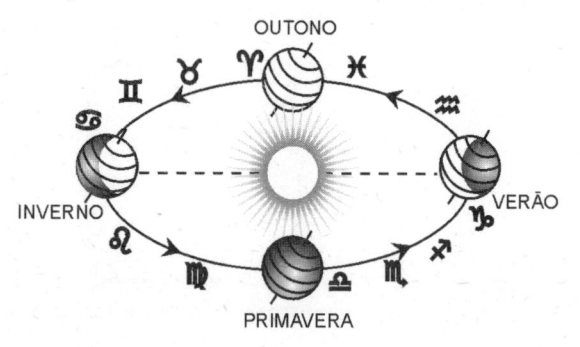

... do mês nas fases da Lua...

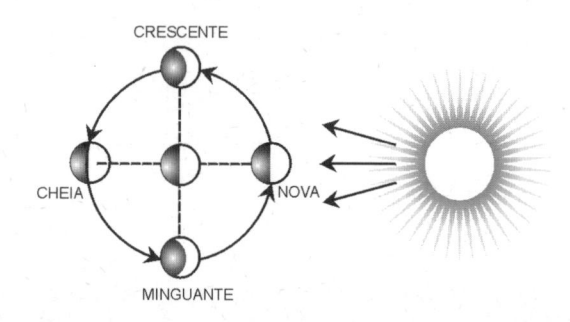

... do dia nos seus quatro segmentos principais: amanhecer, meio-dia, anoitecer e meia-noite.

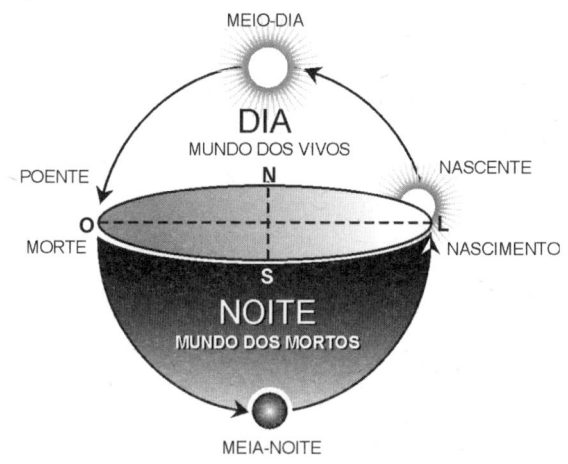

```
                    MEIO-DIA

                      DIA
                MUNDO DOS VIVOS
    POENTE           N              NASCENTE
    O  - - - - - - - - - - - - - -  L
    MORTE                           NASCIMENTO
                      S
                    NOITE
                MUNDO DOS MORTOS

                   MEIA-NOITE
```

Na posição vertical, ela organiza quatro direções temporais, estabelecendo a trajetória real e simbólica dos seres. A linha horizontal une os extremos do horizonte, o nascente e o poente, indicando o início e o fim do dia e da vida; a linha vertical une o mundo celeste, dos deuses, ao mundo inferior, dos mortos, definindo os domínios por onde passa o Sol em suas trajetórias diurna e noturna, de acordo com as tradições egípcia, tupi e asteca, por exemplo.

Assim, a cruz promove a interação entre o que está em cima e o que está embaixo, entre o que está à esquerda e o que está à direita, entre o que já passou e o que está por vir, entre o criador e o criado, entre o eterno e o efêmero.

Segundo Frobenius, entre os antigos iorubás, na África, uma cruz definia a divisão do espaço entre os quatro principais orixás: Exu, a leste (o sol nascente e as florestas familiares e úteis da bacia do rio Níger), e Xangô, a oeste (o sol poente e as

10 ✝ O Caminho da Cruz

ameaçadoras terras dominadas por povos de culturas diferentes), delimitavam o caminho principal do mundo; Ogum, ao norte (o sol do meio-dia e a região perigosa do deserto do Saara), e Oxalá, ao sul (a noite e o mar, fonte da vida), delimitavam o caminho secundário. Essa mesma divisão quádrupla era adotada na organização do tempo: como mostra a figura da página anterior, os braços da cruz podem ser vistos como as posições sucessivas do momento presente de acordo com uma direção específica seguida pelo passar do tempo; esta direção tem como ponto de referência o movimento aparente do Sol e dos astros noturnos no céu, no hemisfério em que está sendo feita a observação: segue o sentido do relógio ao norte e o sentido inverso ao sul do Equador. Com base neste modelo, os iorubás tinham uma "semana" de cinco dias, sendo o primeiro dedicado a Ifá (e Exu); o segundo, a Ogum; o terceiro, a Xangô; o quarto, a Oxalá; e o último, a todos os orixás. Esta ordem segue a seqüência dos pontos cardeais no movimento aparente do Sol na Nigéria, correspondendo o último dia ao centro da cruz, ao ponto de encontro de todos os caminhos.

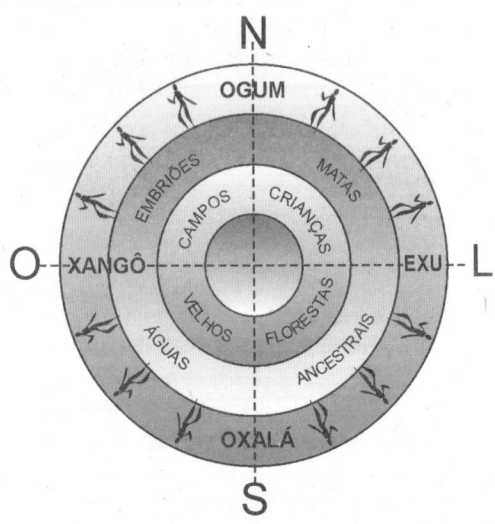

Essa divisão quádrupla era também aplicada à organização do mundo, a partir da vivência dos humanos (figura anterior). Para os iorubás, o mundo era dividido em quatro círculos concêntricos. O central é a aldeia, o mundo dos adultos que trabalham. Em volta está o círculo da natureza domesticada, formado pelos campos cultivados e pelas florestas onde é feita a coleta de vegetais e animais; é o mundo das crianças e dos velhos. O círculo seguinte é a natureza selvagem, formada por matas e águas inexploradas; é o mundo da não-vida, onde moram os ancestrais e os embriões. O círculo mais externo é o dos dezesseis orixás que vivem no horizonte, governando as dezesseis direções do mundo e os diversos domínios da vida (a criação, a morte, a água, o fogo, os alimentos, as lutas etc).

O conjunto das dezesseis direções é um desdobramento da cruz original. As direções secundárias, localizadas entre cada par de braços principais da cruz, podem ser interpretados de duas formas complementares. Por um lado, mostram as maneiras como os princípios regidos por dois orixás se combinam entre si, resultando em novos domínios e em novos deuses (filhos, consortes ou vassalos dos primeiros); por outro, sugerem o movimento da natureza que segue de um princípio para o outro: da estação seca para as grandes chuvas, desta para o grande calor, deste para novas chuvas e assim sucessivamente, assim como do céu (o ar) aquecido pelo sol (o fogo) vem a chuva (a água) que fecunda a terra.

A cruz dos caminhos dos orixás corta esses quatro mundos, organiza-os e liga-os entre si, permitindo a passagem dos seres vivos de um domínio para o outro, de acordo com a ordem definida pelos deuses. Entre vários povos da África, pensa-se que essa cruz estabelece a separação entre as estradas por onde caminham os vivos e aquelas por onde passam os mortos; por isso essa forma é usada em rituais de exorcismo: a cruz imobiliza os espíritos, que ficam desorientados ao vê-la.

A CRUZ DA CRIAÇÃO

Imaginando-se a cruz suspensa no ar, a interseção entre os ramos vertical e horizontal simboliza a conexão entre o eixo do mundo, ativo e móvel, e a superfície da terra ou da água, passiva e receptiva, estabelecendo a ligação entre o mundo dos mortais e o dos deuses. Nessa posição vertical, a cruz é um símbolo de fecundidade, de poder reprodutor, de criação. Ela é o modo mais simples e esquemático de representar o ato sexual: a linha vertical, simbolizando o princípio masculino, penetra no espaço central da linha horizontal, que simboliza o princípio feminino, realizando assim a união dos dois princípios arquetípicos, a partir da qual tudo que existe é criado.

Esse simbolismo é encontrado em muitas religiões. No hinduísmo (figura abaixo), é expresso pelo conjunto inseparável "lingam-yoni" (respectivamente, os órgãos sexuais masculino e feminino). Entre povos africanos da bacia do rio Níger, o "opa Oranian" (pênis de Oraniã, a atmosfera), que é o eixo do mundo, desce do céu e penetra no corpo de Iemanjá (a terra molhada), que é o ponto de separação entre a terra seca e o mar; dessa união nascem os orixás que regem as dezesseis direções do mundo.

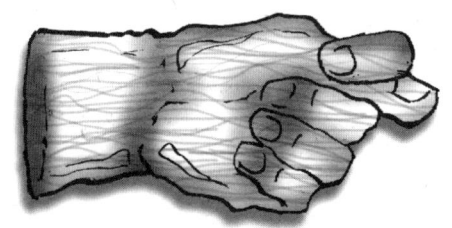

O gesto da figa (figura acima), no qual o dedo polegar é inserido entre o indicador e o médio, também forma uma cruz com a intenção evidente de representar o ato sexual. Presente em muitas tradições, esse gesto é sempre considerado protetor e propiciador de boa sorte por simbolizar a criação. Não é simplesmente um gesto obsceno destinado a assustar maus espíritos, como alguns estudiosos antigos e preconceituosos afirmaram; seu efeito protetor resulta do fato de afastar a esterilidade. Por isso, é um símbolo usado desde a antigüidade em ritos religiosos ligados à fertilidade e à reprodução. Segundo Câmara Cascudo, pesquisadores registraram a presença da figa em achados arqueológicos de Herculano e Pompéia, representantes da cultura romana do início da era cristã; considera-se que o amuleto originou-se de cultos da fertilidade de culturas da orla do Mediterrâneo, difundindo-se pelo Império Romano e daí sendo adotado em todo o mundo latino.

As mais antigas representações de cruzes parecem ser os labirintos, símbolos universais da jornada da psique em direção ao interior ou ao exterior, encontrados em todas as culturas antigas. Restos arqueológicos da civilização suméria, na Mesopotâmia, revelaram um desenho de labirinto feito em uma placa de barro, datada de 5000 a.C., que lembra uma cruz feita com um traço contínuo entrelaçado, formando um caminho sem princípio nem fim (figura ao lado). Este desenho evoca o mito universal da serpente que, enrolando-se sobre si mesma e girando sem parar sobre as águas primordiais, cria o mundo, o qual acabaria se seu giro parasse; se esse movimento for representado por um desenho esquemático, a forma resultante será a de uma cruz ovalizada (ver pág.42), que pode ser combinada com outras iguais, formando uma rosácea com um número de pétalas múltiplo de quatro (figura acima), ou um conjunto de cruzes superpostas, que constitui o mundo material criado pelo movimento.

A MANDALA

A cruz como elemento fundamental da mandala (descrição pictórica e mágica do espaço) aparece em diversas culturas. Talvez a que mais se destaca neste sentido seja a dos navajos, povo indígena da América do Norte (figura ao lado).

Suas pinturas de areia, feitas pelos xamãs com finalidades terapêuticas, contam a história de uma jornada mágica necessária para a cura do paciente. Essa jornada é realizada em um espaço sagrado definido pelo desenho da cruz, a qual marca as direções, delimita as regiões ocupadas pelos diferentes deuses e pelas sucessivas experiências míticas que constituem a jornada do herói, e determina a direção a ser seguida nessa caminhada.

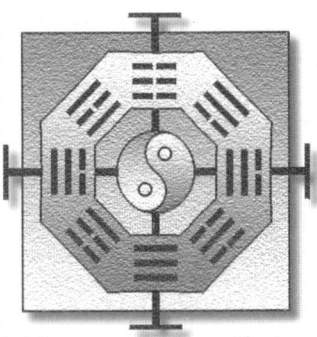

No taoísmo chinês, as quatro forças (ou elementos) que organizam o cosmos são representadas por uma mandala (figura ao lado) formada pela cruz ligada ao círculo, como pode ser visto em espelhos de bronze datados da dinastia Han (100 a.C a 100 d.C.). Essa cruz é a forma básica da bússola, a qual, inventada na China vários séculos antes de Cristo, foi o instrumento básico para o Feng Shui, a prática mágica de harmonização das construções com as direções do espaço associadas aos oito princípios mágicos do taoísmo.

As rodas com raios são mandalas quase onipresentes, sendo encontradas nas religiões da Europa, da Índia, das Américas, do Extremo Oriente e da Ásia Menor; quando possuem muitos raios, simbolizam a cruz em movimento dentro do círculo. O "chakra" (roda) indiano sobrevive ainda hoje na bandeira do povo cigano (considerado oficialmente um povo indiano fora da pátria), representando seu movimento pelo mundo (figura acima); na religião hindu, ele representa o lótus, (figura abaixo) o símbolo do florescimento da energia interior, análogo ao crisântemo japonês, imagem do Sol, ancestral mítico do imperador. Em várias mitologias (nórdica, grega etc.), a roda com raios é a roda do carro do Sol, simbolizando seu movimento ao longo do dia e a orientação da sua trajetória.

Dessas rodas evoluiu a cruz inscrita no círculo (figura ao lado), símbolo do movimento de interiorização das forças da consciência, da terra cercada pelo céu, do mundo quotidiano cercado pelo mundo sagrado. Já a cruz cujos braços se estendem para fora do círculo representa a exteriorização da consciência, a ação do herói em busca de sua jornada mítica.

A ÁRVORE DA VIDA

A cruz é uma das representações da Árvore da Vida, símbolo universal da organização do mundo. Um exemplo é a árvore "Yggdrasil" (figura ao lado), o freixo sagrado da mitologia germânica, que tem as raízes ocultas nos mundos inferiores, o tronco ereto funcionando como eixo do mundo humano e a copa no céu, no mundo dos deuses.

Uma forma estilizada dessa árvore, presente em diversas culturas, é o machado de lâmina dupla, freqüentemente denominado "pedra de fogo", que às vezes aparece sob a forma de um martelo de cabeça dupla (marreta). Para diversos povos, tanto europeus quanto africanos, o eixo do mundo é representado por essa arma que, com sua lâmina de gume duplo ou sua pedra com duas cabeças, apresenta o formato de uma cruz; *"Miölnir,"* o martelo de Thor (figura anterior), e o "oxê", o machado de Xangô, são exemplos bem conhecidos. O machado ou martelo é sempre atributo de uma divindade do trovão e do fogo, além de poder representar mulheres guerreiras, como as rainhas de inúmeros povos africanos, as heroínas e chefes-amazonas de povos eslavos, celtas e germânicos, as guerreiras lendárias indianas, persas e ameríndias, e a Deusa-Mãe mesopotâmica neolítica, cujo culto floresceu entre 4000 e 3000 a.C. e cujos símbolos são a pomba e o machado. A arma representa o poder criador e destruidor da divindade, que propicia as uniões fecundas (quando é chegado o momento delas acontecerem) e pune os que transgridem as leis dos deuses.

A Árvore da Vida, encontrada em diversas tradições místicas, parece uma cruz com vários braços horizontais, cada um dos quais corresponde a um dos mundos existentes (o inferior, o humano, o divino). Um exemplo bastante conhecido é a Árvore das Emanações (ou Árvore das Sefirot) da Cabala (figura ao lado), formada por dez esferas dispostas de modo a constituir uma cruz com três hastes transversais (a individualidade, a consciência e a transcendência), e cuja haste vertical liga a terra ao mundo divino.

A Menorá (figura ao lado), o candelabro sagrado presente no escudo do Estado de Israel, lembra uma árvore ou cruz semelhante, cujos braços transversais são encurvados para cima, de maneira que todas as extremidades, nas quais estão acesas as luzes votivas, apontam para Deus.

O mesmo desenho, com apenas uma haste horizontal, pode ser observado no tridente (figura ao lado). Este é uma versão pouco convencional da cruz, com os braços voltados para o alto. Simboliza o poder e o domínio sobre os elementos e, com as duas barras que arrematam as extremidades da haste transversal voltadas para cima, representa a concentração de todas as forças em uma única direção ascendente, renovadora, espiritual e de ligação com o mundo divino. Com o nome de "trishula", é o atributo do deus hindu Shiva, o senhor do tempo, que destrói o antigo para que o novo seja criado; na Grécia é o cetro de Poseidon, o deus do mar, que com ele fende as ondas, acalma as águas e domina os seres do mar; nas religiões afro-brasileiras, é a ferramenta do orixá mensageiro Exu, o símbolo das encruzilhadas que ele governa e dos múltiplos caminhos que ele abre ou fecha segundo as necessidades da organização do mundo.

A CRUZ E O CORPO HUMANO

A associação entre a figura humana e a cruz vem dos tempos pré-históricos; Hans Biederman relata que, na ilha de Chipre, foi encontrada uma estatueta em pedra (figura ao lado), com 6cm de altura, datada de 2500 a.C., com a forma de um corpo feminino com os braços abertos e as pernas encolhidas. Esta é claramente a representação da Grande Mãe sob a forma de uma cruz, mostrando a deusa criadora como organizadora do mundo.

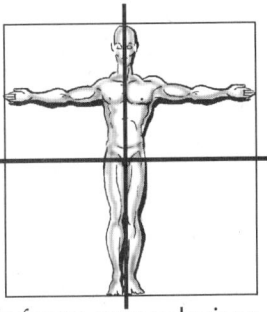

Quando os quatro braços têm a mesma medida, a cruz pode ser superposta a uma figura humana com os braços abertos, que possui altura e largura iguais, ficando a interseção das hastes localizada no centro geométrico do corpo (figura ao lado); quando seus braços são desiguais, sendo a haste vertical maior que a transversal, o ponto de interseção entre elas é posicionado de forma a reproduzir as proporções do corpo de um ser humano adulto de pé (figura abaixo).

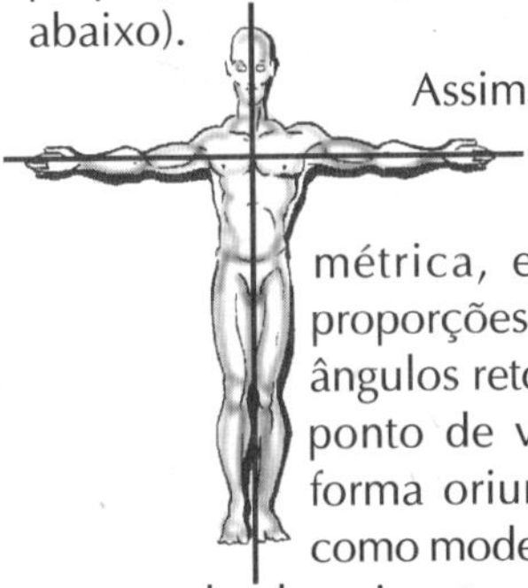

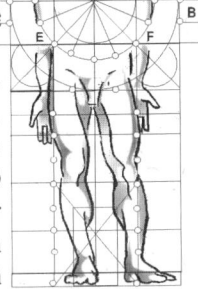

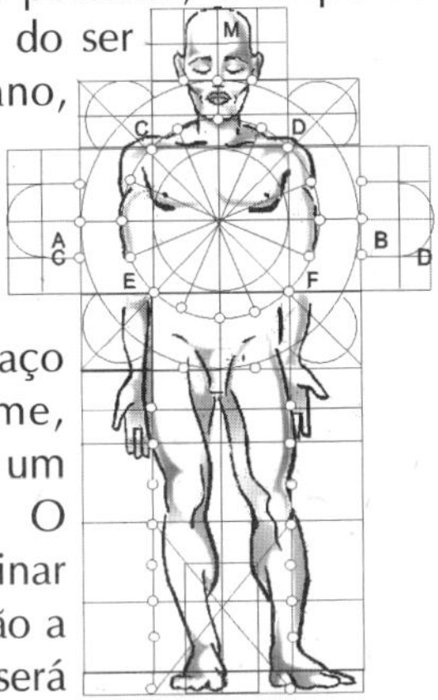

Assim, a cruz pode ser considerada como um cânone do corpo humano. Entretanto, sendo uma abstração geométrica, ela representa a organização e as proporções ideais, com suas linhas perfeitas, seus ângulos retos e suas medidas calculadas; sob este ponto de vista, pode ser encarada como uma forma oriunda do mundo dos deuses, aplicada como modelo (ou meta de perfeição a ser atingida) ao mundo dos viventes. A cruz seria, portanto, o corpo da divindade, à cuja semelhança o corpo do ser humano foi criado; e o corpo humano, enquanto cruz terrena, seria, como diz o catolicismo, "o templo do Espírito Santo". Esta visão da cruz como corpo divino aparece no traçado dos templos de diversas religiões, nas quais o espaço sagrado tem um formato cruciforme, lembrando ao mesmo tempo o feitio de um corpo humano (figura ao lado). O simbolismo vai até ao ponto de determinar exatamente em que parte da cruz ficarão a cabeça e os pés da divindade, e qual será sua orientação em relação aos pontos cardeais (o que determina onde incidirá o sol nascente – em geral, no coração ou na face do deus). Esse tipo de templo existe tanto no ocidente como no oriente; é o traçado típico da igreja cristã tradicional e é usado no hinduísmo e no budismo em vários países asiáticos.

A CRUZ DA VIDA

Um aspecto digno de nota em relação à cruz, em quase todas as tradições, é seu significado criativo e benevolente. No Egito antigo, a cruz ansada (ankh, chave da vida ou chave do Nilo), uma cruz de três braços encimada por uma alça (figura ao lado), era o símbolo da vida, usado por deuses e faraós, presente em esculturas e pinturas que falavam da sobrevivência à morte física; era usada em rituais fúnebres, para abrir o corpo do morto para a vida no além-túmulo. Essa cruz se manteve tão forte na tradição egípcia, que foi adotada pelos cristãos coptas (da Igreja Cristã do Egito) como símbolo da vida eterna.

Cruzes de formas variadas fazem parte de achados arqueológicos na Ásia, na Europa, na África e na América. Essas cruzes costumam estar relacionadas com o fogo, com o Sol e com o movimento das forças que formam o mundo; as mais importantes e universais são as diferentes versões da suástica (figura ao lado), cujo significado foi tão deturpado no século XX pelo nazismo, mas que é usada desde tempos muito antigos, em muitas culturas, como variação da cruz dentro do círculo, representando o movimento giratório, por exemplo, das estações durante o ano.

A suástica aparece na cultura dos povos dravidianos (da raça drávida, ocupante original da península da Índia, antes de sua invasão pelos povos arianos vindos do norte, os quais formaram as castas dominantes na região, relegando os drávidas às castas intocáveis); é encontrada em monumentos datados de cerca de 2000 anos a.c. em Mohenjo-daro (antigo centro dessa cultura, no Paquistão) e no sul da Índia, onde sobrevive o povo tamil, de origem drávida.

A suástica também é encontrada no taoísmo, uma das duas grandes religiões da China (junto com o confucionismo), que descreve o mundo como o resultado da interação de forças opostas em permanente movimento. Nesse antigo simbolismo chinês, a cruz mostra a organização quádrupla do mundo em relação aos pontos cardeais e aos cinco elementos taoístas (madeira, fogo, metal e água, correspondendo aos pontos cardeais; e a terra situada no centro da cruz); a cruz com os braços dobrados indica o movimento constante dessas forças, uma gerando a outra e sendo consumida por ela.

No budismo (religião ascética de salvação pessoal, criada na Índia por Gautama Sidarta no século VI a.C.), a suástica aparece como o selo sobre o coração de Buda; no jainismo (outra religião ascética hindu, criada também no século VI a.C., centrada nas figuras dos Conquistadores, personagens históricos, modelos de virtude e moral), essa cruz simboliza os mundos dos deuses, dos homens, dos animais e dos mortos.

No mundo mediterrâneo helênico (período entre os séculos IV a.C. e IV d.C., quando houve a expansão da cultura greco-romana por todo o Oriente Médio), a suástica foi chamada de cruz gamada, por ser formada por quatro letras gama do alfabeto grego; entre os povos germânicos do norte da Europa, foi vista como a aparência assumida pelo martelo de Thor quando o deus irado o gira sobre a cabeça; e, durante o período das perseguições ao cristianismo pelo governo romano, servia para marcar os túmulos dos cristãos, como uma forma disfarçada de representar a cruz.

No judaísmo, a cruz foi uma das marcas da aliança entre Deus e seu povo. No Êxodo (12,7) é narrado que, ao dar a Moisés instruções acerca da instituição do Pessach (o Êxodo, a libertação do povo hebreu da escravidão no Egito), Deus recomendou que os judeus, ainda escravos no Egito, marcassem suas casas com uma cruz feita com sangue de cordeiro, para evitar que seus primogênitos morressem durante a décima praga, a que fez com que o faraó os libertasse.

No livro de Ezequiel, a forma da cruz aparece duas vezes. Ao narrar sua visão do carro de Deus (1, 11), o profeta descreve os quatro querubins que o ladeiam. Cada um tem seis asas: duas estão unidas e estendidas para o alto; duas cobrem a parte inferior do corpo; e as outras duas se estendem para os lados, formando assim uma cruz iluminada pelo fogo que emana do corpo desses seres (figura à esquerda). Mais adiante (9, 4), Ezequiel conta que, quando lavé decidiu punir Jerusalém pela idolatria lá praticada, mandou seus anjos marcarem com uma cruz na testa todos os que haviam lamentado esse erro e se tinham mantido fiéis à antiga lei; e recomendou que estes fossem poupados da punição.

Segundo Garcilaso de la Vega (citado por Hans Biederman), os incas possuíam uma cruz quadrada, feita de mármore vermelho e branco, medindo cerca de 50cm de extensão, tendo cada braço cerca de três dedos de largura e uma espessura semelhante. Segundo Biederman, em Cnossos (Creta) foi encontrada uma cruz de mármore semelhante à inca, datada de cerca de 1400 a 1500 a.C. A cruz dos incas ficava em um dos palácios reais de Cuzco. Os invasores espanhóis perceberam que ela era venerada pelo povo, embora não conseguissem identificar o significado do culto; é possível que fosse uma representação do poder criador solar, já que o Império Inca era teocrático, baseado na veneração do imperador como encarnação terrestre do Sol.

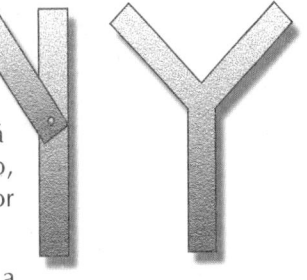

Uma versão curiosa da cruz é a chamada cruz dos ladrões ou cruz em forquilha (figura acima). Em forma de Y, esta cruz é um antigo símbolo da Árvore da Vida; entretanto, existe em relação a ela uma lenda interessante, corrente entre os ciganos (embora anacrônica, pois o povo cigano ainda não existia na época em que se passa a história). Conta a lenda que, quando Jesus estava para ser crucificado, os ciganos, com pena dele, roubaram parte do material destinado à confecção da cruz, tentando evitar a realização do suplício; por isso, a cruz foi montada nesse feitio. Em agradecimento, Cristo teria dado aos ciganos o direito de roubar como meio de sobrevivência; e muitos deles consideram a forquilha como a cruz dos ciganos.

Outra forma de cruz de três braços é a cruz em T, ou cruz Tau, que será descrita mais adiante. Existe uma terceira forma de cruz de três braços, com ampla representação em várias culturas, que é a cruz axial (figura ao lado), também chamada trícele ("triskelis"). Essa cruz aparece em megalitos irlandeses da Idade do Bronze; no mundo romano; na arte celta antiga, por toda a Europa; e nos monumentos cristãos góticos, além de ter uma forma variante adotada por algumas seitas gnósticas, representada por uma figura humana com as pernas dobradas de modo a formar dois dos braços do tríscele, sendo o terceiro representado pelo tronco com os braços estendidos. Seu significado é semelhante ao da cruz suástica: representa as forças em movimento organizado em torno de um centro criador.

Uma imagem moderna que lembra uma cruz em forquilha, mas com quatro braços, é o Símbolo da Paz (figura à esquerda), adotado na década de 60 do século XX como emblema do movimento hippie. Essa figura não tem a intenção de representar uma cruz, mas sim um pé de corvo dentro de um círculo. O desenho foi criado em 1958 pelo artista inglês Gerald Holtom, contratado pela Comissão para o Desarmamento Nuclear (órgão da Organização das Nações Unidas fundado em 1952) para projetar o emblema para a campanha mundial pela paz. Depois de experimentar sem sucesso várias versões da cruz inscrita no círculo, Holtom teve a idéia de combinar em uma só imagem as iniciais da campanha (Desarmamento Nuclear). Para isso, adotou os sinais semafóricos da navegação, que utilizam um par de bandeiras dispostas em diferentes posições para representar os diversos caracteres. Nessa linguagem, a letra D é representada colocando-se as duas bandeiras em linha reta vertical, uma no alto e a outra embaixo; o N é representado pelas duas bandeiras voltadas para baixo em diagonal, formando um ângulo com a abertura para baixo. Superpondo os dois sinais, Holtom obteve a imagem de um pé de corvo, que é um antigo símbolo da morte entre os povos germânicos. Colocando essa figura dentro do círculo, que representa a vida e a eternidade, o artista quis representar a união dos opostos gerando a paz.

A CRUZ DO SACRIFÍCIO

Aparentemente, a cruz começou a ser usada intensivamente como instrumento de suplício pelo Império Romano, que teria aprendido a técnica com os cartagineses, levando-a depois para a Palestina e outras colônias. A crucificação é certamente uma prática bem anterior ao período cristão, tendo sido incorporada precocemente ao simbolismo das religiões de mistério da Ásia Menor. É digno de nota, neste sentido, o selo de pedra datado de 300 a.C., reproduzido na obra de Joseph Campbell, *As transformações do mito através dos tempos*. Este selo, ligado ao orfismo (religião de mistério do mundo helênico, surgida nos últimos séculos antes de Cristo), mostra Orfeu-Baco crucificado, em tudo semelhante à posterior representação de Cristo na cruz (figura acima).

Vale lembrar que as religiões de mistério baseavam-se em um mito centralizado em um deus dos frutos, cuja mãe, a terra fértil, era sempre virgem, como a natureza a cada primavera; esse deus era sacrificado e ressuscitava, realizava uma jornada ao mundo dos mortos e de lá retornava triunfante. Baco (um dos nomes de Dioniso), como deus da fertilidade, da vegetação, era o mais importante deus sacrificado da Grécia clássica, estando associado à morte de animais e vegetais para garantir a alimentação dos humanos; foi tardiamente sincretizado com Orfeu, originalmente um herói lendário, músico e poeta que desceu ao mundo dos mortos para buscar a esposa Eurídice. O orfismo foi uma religião de salvação criada no século VI a.C. que, tendo sido fortemente influenciada pela tradição do culto a Dioniso, procurou combinar seu projeto de ascetismo como caminho de libertação com o mito do deus Baco; assim surgiu a imagem do deus sacrificado e renascido como símbolo da salvação da alma humana, a qual seria atingida por meio de rituais de iniciação nos quais o fiel vivenciava os mistérios do mito do deus.

O cristianismo, que surgiu como uma entre várias seitas judaicas no tempo da dominação romana, diferenciou-se das demais por incorporar elementos das religiões de mistério da Ásia Menor, o que pode ser notado ainda hoje nos dogmas cristãos, que são mistérios a serem vivenciados (a Santíssima Trindade, a virgindade de Maria, a morte e a ressurreição de Cristo), e não conceitos a serem comprovados e entendidos. É bem provável que, quando o Jesus histórico foi executado, seus seguidores tenham associado sua morte com o mistério órfico, percebendo a coincidência entre os destinos dos dois protagonistas como a confirmação da idéia de que Jesus era realmente o Cristo Salvador, o Messias anunciado pelas profecias judaicas.

Foi com certeza esse aspecto redentor do sacrifício que permitiu aos primeiros cristãos superarem a grande humilhação provocada pelo governo romano da província da Judéia, ao infligir a Jesus um suplício reservado, no Império, aos escravos rebelados e aos nativos das províncias revoltadas. Embora tenha sido rejeitada no início, devido ao seu caráter degradante, a cruz tornou-se, depois de algum tempo, um dos principais símbolos do cristianismo, atingindo, dentro dessa religião, um desenvolvimento formal e simbólico sem precedentes; enquanto que as demais culturas contaram com apenas um ou dois tipos de cruzes em seu repertório de símbolos, o cristianismo permitiu o surgimento de várias dezenas delas, diretamente ligadas à liturgia ou não, cada uma com um significado particular.

Séculos mais tarde, o misticismo cristão de São João da Cruz e de Santa Teresa de Ávila retornou à imagem da cruz como representação da Árvore da Vida, símbolo da viagem ascensional da alma, com a raiz no mundo inferior, a extremidade da copa no trono de Deus e o mundo humano entre o tronco e os galhos.

A CRUZ NA ICONOGRAFIA CRISTÃ

Sob o ponto de vista da forma, as cruzes cristãs dividem-se em quatro tipos básicos: a quadrada ou grega, cujos quatro braços são iguais; a latina, cuja haste vertical é mais longa que a transversal; a de três braços, em forma de T; e a aspa, em forma de X. Esses quatro tipos sofrem transformações, combinam-se entre si e com elementos diversos, produzindo uma grande variedade de cruzes derivadas.

Sob o ponto de vista do uso, as cruzes podem ser litúrgicas ou heráldicas. As litúrgicas são as que representam eventos ou conceitos do simbolismo cristão e destinam-se a acompanhar diversos momentos rituais, como o Natal, a Paixão, a Ressurreição; ou servem como distintivos dos vários elementos da hierarquia religiosa, das experiências espirituais, das pessoas da Santíssima Trindade etc. As cruzes heráldicas são criadas como emblemas distintivos de um indivíduo ou de uma coletividade; são algumas das mais antigas e nobres honrarias postas nos brasões. Dividem-se em dois grupos: as heráldicas propriamente ditas, que fazem parte dos brasões de famílias, cidades ou países; e as cruzes emblemáticas de ordens militares, confrarias religiosas e outras instituições. As cruzes heráldicas são desenhadas de modo a descrever graficamente alguma característica essencial do sujeito representado. As mais antigas, usadas pelos Cruzados, eram muito simples, atendendo apenas à necessidade de identificar os guerreiros cristãos nos campos de batalha; com o passar do tempo, as cruzes tornaram-se cada vez mais elaboradas, podendo transmitir idéias complexas e contar histórias inteiras com seus ornamentos.

Segundo alguns, existem várias centenas de cruzes diferentes. Na literatura disponível sobre o assunto, o número de variações encontrado está muito abaixo dessa estimativa. É possível que, se fizermos uma pesquisa exaustiva em todas as variações dos brasões de todas as casas nobres européias, de todas as pequenas e efêmeras ordens militares e religiosas, de todos os países, estados, municípios e cidades do mundo encontremos um número de cruzes bem maior que o descrito na literatura. Entretanto, talvez essa pesquisa represente um trabalho inútil porque, a partir de um certo ponto, os modelos começam praticamente a se repetir, pois o objetivo de criar variações foi apenas permitir a distinção, por exemplo, entre o primeiro e o segundo filhos de uma família, ou entre filiais de uma instituição sediadas em duas cidades diferentes. Assim, as diferenças não teriam importância do ponto de vista simbólico. Além disso, às vezes pode-se observar que diferentes nomes, que à primeira vista referem-se a cruzes diferentes, tratam-se na verdade de denominações da mesma cruz em línguas ou tradições diversas.

O DESENHO DAS CRUZES
CORES, SÍMBOLOS E SIGNIFICADOS HERÁLDICOS

Talvez seja importante observar que uma pessoa que deseje trabalhar com o simbolismo das cruzes não precisa necessariamente limitar-se aos modelos encontrados nos livros. Ela pode criar seus próprios modelos usando o mesmo princípio que foi utilizado para criar os desenhos antigos, e que leva em conta três aspectos da cruz para definir seu significado: a forma, a cor e os acessórios.

Assim, a pessoa pode, em primeiro lugar, escolher, entre as formas básicas das cruzes, a que melhor expressa o que ela quer simbolizar: pode usar braços iguais ou diferentes, largos ou estreitos, retos ou indicando movimento etc. Em segundo lugar, deve escolher a cor de acordo com o seu significado simbólico; no caso específico das cruzes, o melhor sistema a ser adotado é o de origem européia, associado às forças planetárias, uma vez que, na nossa tradição heráldica e religiosa, as cruzes têm predominantemente essa mesma origem.

A heráldica tradicional trabalha com sete cores, dois metais e cinco esmaltes, cujos nomes antigos vêm da língua francesa. Os metais são o ouro ("or", amarelo) e a prata ("argent", branco); os esmaltes são o azul ("azure"), o vermelho ("goles"), o preto ("sable"), o verde ("sinople") e o púrpura ("purpure"). Uma norma básica para o uso das cores na heráldica é que nunca se coloca metal sobre metal ou esmalte sobre esmalte: a combinação deve ser sempre, obrigatoriamente, de metal com esmalte. Se usarmos, por exemplo, um metal sobre um esmalte, somente poderemos usar outro esmalte por cima do metal; inversamente, se pusermos um esmalte sobre um metal, somente poderemos colocar outro metal por cima o esmalte.

Como freqüentemente os símbolos heráldicos foram esculpidos em pedra, existem formas monocromáticas de representar as cores, que podem ser utilizadas em desenhos em preto-e-branco ou em trabalhos em relevo. A base de todas as cores é sempre um fundo branco. A prata é representada por uma superfície branca lisa; o ouro, por essa superfície salpicada com pontinhos pretos. O azul é representado por linhas paralelas horizontais; o vermelho, por linhas verticais; o preto, por linhas verticais e horizontais cruzadas. O verde é representado por linhas diagonais, indo do canto inferior direito (em relação ao observador) para o superior esquerdo; e o púrpura, por linhas diagonais, indo do canto inferior esquerdo para o superior direito.

No século XVI, as cores heráldicas foram associadas a planetas e pedras preciosas, cujos nomes eram usados na descrição dos brasões dos nobres. O ouro corresponde ao topázio e ao Sol; a prata, à pérola e à Lua; o azul, à safira e a Júpiter; o vermelho, ao rubi e a Marte; o verde, à esmeralda e a Vênus; o púrpura, à ametista e a Mercúrio; e o preto, ao diamante e a Saturno.

Também é importante observar o simbolismo das cores. Para a heráldica, o ouro representa nobreza e poder; a prata, pureza e gentileza; o vermelho, coragem e vitória; o verde, esperança e amor; o púrpura, sabedoria e razão; o azul, espiritualidade e justiça; e o preto, riqueza e firmeza.

Em terceiro lugar, a pessoa deve decidir se é conveniente acrescentar algum acessório à cruz básica, para dar uma idéia mais clara de seu significado. Este é o método mais simples e direto, tendo sido o mais empregado pelos desenhistas de brasões; a relação dos diferentes modelos de cruzes, apresentada adiante, mostra que seus significados mudam conforme elas tenham como adornos flores, armas, âncoras, chaves, chifres, moedas, letras, animais etc. Assim, o desenhista precisa simplesmente escolher um objeto ou ser vivo (ou mais de um) que expresse bem o que pretende dizer com a cruz, e acrescentá-lo como adorno.

Às vezes, esses adornos são escolhidos de acordo com um significado convencional dos objetos representados; freqüentemente, entretanto, correspondem a alguma característica do dono do brasão. Assim, formas que lembrem ferramentas ou instrumentos de trabalho podem indicar a profissão da pessoa, assim como materiais (madeira, tecidos, metal) e produtos (frutos, animais, objetos); animais, cores, plantas podem indicar alguma característica psicológica; e assim por diante. Nas descrições apresentadas a seguir, muitos adornos estão neste último caso, não tendo nenhum significado simbólico tradicional, mas podendo ser usados de acordo com características da pessoa; é por isso que, muitas vezes, as fontes de informação acerca dos símbolos heráldicos não explicitam o significado de diversos modelos de cruzes. Como as interpretações aqui apresentadas ficaram limitadas ao simbolismo tradicional, optando-se por não tentar "inventar" explicações fora do contexto original da criação das cruzes em questão, foi portanto necessário deixar algumas delas sem informações acerca de seu significado.

CRUZES QUADRADAS

A cruz quadrada básica é também chamada de cruz grega, por ser a mais usada nas Igrejas Orientais e, em especial, na Ortodoxa Grega. Ela tem muitas variações, geralmente usadas em heráldica; mas algumas são litúrgicas. As figuras a seguir representam alguns modelos de cruzes quadradas.

Abrochada

O nome português dessa cruz vem do fato das extremidades de seus braços serem alargadas no feitio de broches ou abotoaduras redondas. Em outras línguas, o nome ("pommée") refere-se mais freqüentemente ao fato dessas extremidades globosas lembrarem maçãs. É usada em heráldica; foi no passado adotada como cruz dos bispos.

Ameiada

Cada braço dessa cruz é cortado por duas pequenas barras transversais, formando um desenho que lembra as ameias de uma fortaleza. É usada em heráldica, sendo o distintivo da Igreja militante, armada e em guerra contra os inimigos da lei de Deus.

Ancorada

Os braços dessa cruz terminam em ganchos de âncora, formando extremidades bifurcadas e curvas. É usada em heráldica, simbolizando proteção e honra para quem recebe o direito de usá-la.

Anelada

É uma cruz parecida com a ancorada, mas as curvas nas extremidades dos braços são bem mais acentuadas, formando anéis. É usada em heráldica, onde o anel representa o quinto filho de uma família.

Anserada

Essa cruz tem os braços terminados por cabeças de animais: leão, águia etc. É usada em heráldica, onde cabeças de pássaros podem representar o quarto filho de uma família; mas outros animais podem ter outros significados. O leão, por exemplo, é um símbolo de poder e nobreza; o cavalo, de coragem cavalheiresca; a águia, de sagacidade e elevação; o peixe, de fé e espiritualidade (pois é um símbolo de Cristo); o dragão, de poder e realeza; a serpente, de vigilância; a coruja, de sabedoria; e assim por diante.

Avelanada

Essa cruz tem cada braço desenhado como uma avelã estilizada. É usada em heráldica. A avelã é considerada, tradicionalmente, um fruto mágico.

Batismal

Consiste em uma cruz quadrada superposta a uma letra grega "qui" (X), formando uma cruz de oito braços. Este número simboliza o renascimento e a regeneração; o mesmo significado é atribuído à cor vermelha com que essa cruz é representada. É uma cruz litúrgica; às vezes é usada como base para a cruz do Espírito Santo, com a pomba desenhada no centro.

Besante

O besante é uma moeda bizantina do tempo das Cruzadas. Ela se difundiu na Europa trazida pelos cruzados, que a recebiam em pagamento de seus serviços na guerra. O nome passou a ser dado a discos simples ou desenhos de moedas em ouro, postos nos brasões, indicando que o cavaleiro lutara na Palestina.

A cruz besante é feita com moedas postas lado a lado, de forma a desenhar os quatro braços de uma cruz; ela associa o simbolismo da cruz com o dessas moedas, ou seja, indica nobreza conquistada na Terra Santa.

Bifurcada

Os braços dessa cruz terminam em bases de flecha, bifurcadas e com o ângulo voltado para dentro. É usada em heráldica.

Botonada

A extremidade de cada braço dessa cruz tem três bolinhas interligadas; o conjunto lembra o feitio de um broto (botão) de um ramo de árvore ou de um fruto. É usada em heráldica.

Cabeada

É uma cruz feita com cabos grossos de navio (daqueles utilizados para prender o navio ao cais). É usada em heráldica, indicando ligação do nobre com a marinha.

Chaveada

Os braços dessa cruz são alargados em forma de losango e vazados, formando cada um deles o desenho de uma alça de chave, segundo o modelo comum na Idade Média. É usada em heráldica, onde a chave indica que o cavaleiro foi enobrecido por serviços administrativos prestados ao rei.

Do Conquistador (do Vitorioso)

Consiste em uma cruz quadrada simples, complementada por inscrições em caracteres gregos postas nos espaços vazios entre os braços. No espaço superior esquerdo estão as letras IC com uma barra superior (indicando que é a abreviatura da forma grega de Jesus); no superior direito, XC, também barrado (abreviatura da forma grega de Cristo); nos espaços inferiores, NI e KA, formando a palavra "nika", a forma grega de "vitorioso". É uma cruz litúrgica, que expressa a idéia de Cristo triunfante; é usada principalmente nas comemorações da Páscoa, da Ascensão e do Cristo Rei.

Copta

A cruz da Igreja Cristã do Egito, usada desde o primeiro século do cristianismo, é quadrada, lembrando a cruz pátea (ver pág.42). Os braços são estreitos junto ao centro e se alargam para as extremidades, sendo seus lados côncavos. A extremidade dos braços também é levemente côncava, lembrando um crescente lunar. A cruz é representada em vermelho sobre branco; ela foi usada pelos cavaleiros Templários no século XII.

Cordoada

É parecida com a cruz cabeada, mas seus braços são feitos com cordas comuns, utilizadas nos navios para prender e movimentar velas, âncoras etc. É usada em heráldica.

Cruzetada

Nessa cruz, cada braço é atravessado, perto da extremidade, por uma pequena barra transversal, formando quatro cruzetas. É usada em heráldica. Como cruz litúrgica, representa a divulgação do Evangelho pelos quatro cantos do mundo e é usada nas comemorações da Trindade.

Degradada

Essa cruz tem os quatro braços formados por degraus que diminuem da ponta para o centro. É usada em heráldica.

Denteada

É uma cruz quadrada em que a extremidade dos quatro braços é entalhada em dentes oblíquos regulares. É usada em heráldica onde, por lembrar um muro com ameias, indica a participação do nobre em uma batalha.

Espiralada

Nessa cruz, as extremidades dos braços são bifurcadas e as duas pontas formadas em cada um são enroladas em espiral, uma para cada lado do braço, lembrando chifres de carneiro.

Do Espírito Santo

Esta é uma cruz quadrada simples, de braços retos e largos. No centro está a representação do Espírito Santo manifesto, sob a forma de uma pomba descendente. Raios nos braços laterais e no inferior indicam os dons do Espírito Santo que descem sobre os devotos. Os raios podem ser em número de sete, representando os dons do Espírito Santo (sabedoria, entendimento, conselho, fortaleza, ciência, piedade e temor de Deus); ou de treze, simbolizando a iluminação dos doze Apóstolos e de Maria, reunidos na representação tradicional do Pentecostes.

Estelada

Os braços dessa cruz são arrematados com estrelas. É usada em heráldica, que dá preferência à estrela de seis pontas (a estrela do cristianismo, símbolo do Espírito Santo), salvo quando há referência específica ao contrário.

Dos Evangelistas

É uma representação da verdade dos quatro Evangelhos. Muito usada como ilustração em obras religiosas e encontrada em catacumbas dos primeiros séculos do cristianismo, essa cruz tem, em cada um dos espaços vazios entre seus braços, uma ilustração com um dos evangelistas ou com o ser sagrado correspondente. No canto superior esquerdo (em relação ao observador) fica um homem ou um anjo (São Mateus); no superior direito, uma águia (São João); no inferior esquerdo, um leão (São Marcos); e no inferior direito, um touro (São Lucas). O centro dessa cruz pode ser ocupado por uma imagem de Cristo crucificado, por uma mandorla (auréola em forma de amêndoa) dentro da qual está o Cristo Rei do Mundo (sentado no trono) ou pela pomba do Espírito Santo (em representações mais modernas). A Cruz dos Evangelistas é um dos Sacramentais (objetos auxiliares na preparação para a santificação pelos Sacramentos, que todo católico deve usar).

Flechada

Essa cruz tem uma ponta de flecha na extremidade de cada barra, representando forças centrífugas em atividade. É usada em heráldica.

Flordelisada

A extremidade de cada braço dessa cruz tem uma flor-de-lis afixada com o auxílio de uma barra transversal de conexão, não parecendo fazer parte do corpo da cruz. É usada em heráldica, onde a flor-de-lis representa o sexto filho de uma família.

Florida

Essa cruz tem os braços terminados por flores (geralmente flores-de-lis, mas podendo ser outra flor). Ao contrário do que ocorre na flordelisada, essas flores saem diretamente do corpo da cruz, sem barra intermediária. É usada em heráldica, onde a rosa indica o sétimo filho de uma família.

Forquilhada

Seus braços são levemente côncavos, alargando-se na extremidade, que é dividida em três pontas. É usada em heráldica. A subdivisão forma uma cruz de doze pontas, que pode ser usada para expressar o simbolismo desse número (o ano, o zodíaco etc).

Gamada

Também chamada "gamadion", essa cruz é formada por quatro letras gregas gama maiúsculas. Elas podem estar dispostas de duas formas diferentes: a de uma suástica, quando as letras se unem no centro pela extremidade de uma das hastes; ou a de uma cruz quadrada vazada, quando elas estão dispostas com as hastes paralelas duas a duas. A primeira forma era usada pelos cristãos primitivos para marcar seus túmulos; a segunda é usada em heráldica. O nazismo usou essa cruz com os braços girando no sentido anti-horário, o que a magia considera uma forma destruidora.

Grega

É uma cruz quadrada simples, formada por quatro braços iguais, sem ornamentos. É usada em heráldica (com significados diferentes conforme sua cor) e no desenho de várias cruzes litúrgicas, especialmente nas igrejas cristãs orientais.

Habitada

É uma cruz quadrada larga, com imagens de santos e anjos dispostas dentro de seus braços. Foi muito usada na Idade Média para ilustrar livros sobre temas religiosos.

Losangulada

Os braços dessa cruz se expandem levemente no final, para terminarem em losangos com os lados levemente côncavos. É usada em heráldica.

Lunada

Cada braço dessa cruz é terminado por um crescente lunar voltado para fora. Representa as quatro fases da Lua. É usada em heráldica, onde o crescente simboliza o segundo filho de uma família.

Maltesa (de Malta)

É uma cruz quadrada parecida com a cruz modelada (descrita adiante): tem os braços estreitos junto ao centro e alargados nas extremidades; mas essas extremidades são bifurcadas em forma de V e ponteagudas, constituindo assim uma cruz de oito pontas que, segundo a interpretação tradicional da heráldica, simbolizam as oito bem-aventuranças evangélicas da doutrina cristã (enumeradas por Jesus no Sermão da Montanha): os que têm coração de pobre, os que choram, os mansos, os que têm fome e sede de justiça, os misericordiosos, os puros de coração, os pacíficos e os perseguidos por causa da justiça. Como distintivo da Ordem dos Cavaleiros de Malta, é tingida em prata sobre vermelho.

Modelada ("formée")

Nessa cruz, os braços são estreitos junto ao centro e se alargam bastante para a extremidade. Geralmente, os lados e a extremidade dos braços são retos. É usada em heráldica.

De Moinho

Essa cruz tem, na extremidade de cada braço, um desenho estilizado do suporte de ferro fixado na pedra do moinho. É usada em heráldica, onde esse suporte (chamado ferro de moenda) representa o oitavo filho de uma família.

Naval

O centro dessa cruz é formado pelo desenho da popa de um navio; os braços são constituídos por quatro velas quadradas que se superpõem ao círculo ou à moldura quadrada que circunda a cruz. É usada em heráldica, indicando ligação com a marinha.

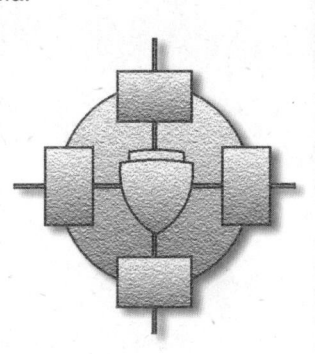

Ovalizada

Essa cruz é formada por um traço curvo contínuo, que desenha quatro ovais unidas no centro. Representa o movimento contínuo das forças nos seres vivos. É usada em heráldica.

Pátea ("patée")

Os braços dessa cruz são estreitos junto ao centro e se alargam em leque, com os lados acentuadamente côncavos e a extremidade convexa. Seu nome vem do fato de lembrar o feitio de uma pata de ave palmípede. É usada em heráldica.

Potenciada (potentéia)

O nome dessa cruz vem do termo francês para muleta ("potent"), porque seus braços, terminados por uma pequena barra transversal, lembram o formato desse instrumento. É usada em heráldica. Foi utilizada como cruz litúrgica no período merovíngio (primeira dinastia francesa, que reinou do século V ao século VIII). No século XX, foi usada na Áustria como distintivo da frente patriótica contra o nazismo.

Quadrangulada

Essa cruz tem o centro expandido pela superposição de um quadrado fechado. É usada em heráldica.

Da Santíssima Trindade

É uma cruz quadrada com um resplendor (um círculo de raios luminosos) brotando da junção das hastes. No centro fica a pomba do Espírito Santo, com as asas ocupando os braços transversais; no alto do braço vertical fica o triângulo com o olho que representa Deus-Pai. O corpo da cruz representa o Filho. Desta forma, a cruz resume em uma só imagem as três Pessoas da Trindade cristã.

De São Bartolomeu

Consiste em uma cruz quadrada, de madeira, com uma pinha no topo da haste vertical. São Bartolomeu foi um dos apóstolos, considerado por Jesus sincero e firme quando, ao ser-lhe apresentado por Filipe, Bartolomeu expôs com franqueza sua dúvida acerca da possibilidade de Jesus ser o Messias anunciado pelos profetas, somente aceitando-o como seu mestre após uma demonstração do poder espiritual de Cristo. Segundo a tradição, Bartolomeu foi o evangelizador da Armênia; entretanto, os sacerdotes locais conseguiram que ele fosse condenado à morte. O santo foi esfolado vivo e, a seguir, decapitado. É possível que sua cruz seja uma lembrança dessa forma de martírio, pois lembra um corpo com a cabeça artificialmente colocada sobre o pescoço do qual foi separada. São Bartolomeu, festejado no dia 24 de agosto, é padroeiro dos encadernadores, dos açougueiros, dos sapateiros e dos que trabalham com couro, além de proteger contra doenças nervosas.

De São Bento

São Bento, nascido em 480 e morto em 547, na Itália, foi o criador da Ordem dos Monges Beneditinos. Ele foi um grande devoto da Santa Cruz, graças à qual realizou muitos milagres, especialmente afugentando forças demoníacas. Por este motivo, após sua canonização, foi criada a medalha de São Bento, que tem fortes poderes exorcísticos, protegendo seu portador contra demônios, malefícios, doenças contagiosas e animais venenosos. Esta medalha é um dos Sacramentais da Igreja

Católica; desde 1880, ela é feita apenas em Monte Cassino, onde o santo fundou seu mosteiro. A medalha de São Bento constitui o centro da cruz de São Bento, que é uma cruz pátea (já descrita) com o centro expandido, circular, para conter a imagem. A medalha tem as seguintes características: na frente está São Bento, segurando uma cruz e a regra da Ordem, tendo nos lados do corpo a inscrição "Crux S. Patris Benedicti" (Cruz do Santo Padre Bento); abaixo dos pés, "Ex S M Casino MDCCCLXXX" (Do Santo Monte Cassino, 1880); e no círculo em volta, "Ejus in obitu nostro presentia muniamur" (Possa sua presença proteger-nos na hora da morte). No verso está a imagem com poder exorcista. Consiste em uma cruz quadrada florida, de ouro sobre vermelho. Na haste vertical estão as letras CSSML ("Crux Sacra Sit Mihi Lux": Que a Santa Cruz seja luz para mim); na horizontal, NDSMD ("Non Draco Sit Mihi Dux": Não deixe o dragão ser meu guia). Nos espaços entre os braços estão as letras CSPB ("Crux Sancti Patris Benedicti": Cruz do Santo Padre Bento). No círculo em torno da cruz, à direita, está escrito: "Vade retro Satana; nunquam suade mihi vana" (Afasta-te, Satanás! Não me sugiras tuas coisas vãs); à esquerda está escrito: "Sunt mala quae libas; ipse venena bibas" (A bebida que ofereces é má; bebe tu mesmo este veneno). No alto do círculo está escrito "Pax" (paz). São Bento, patrono da Europa, é venerado no dia 11 de julho.

De São David

São David de Gales viveu no século V ou VI. Filho de um rei galês, tornou-se missionário, evangelizando toda a região, onde fundou diversos monastérios com regra ascética baseada no trabalho manual. O próprio São David comia somente pão e ervas, e bebia apenas água; falava somente o essencial e mantinha-se em prece mental permanente, enquanto trabalhava. Como grande orador sacro, destacou-se na luta contra correntes heréticas na Bretanha. Muitos milagres são a ele atribuídos, em especial relacionados com o surgimento de fontes de água em lugares secos e com a ressurreição de mortos. Após sua morte, tornou-se alvo de grande devoção, sendo canonizado pelo papa Calixto, em 1120; o santuário com seu túmulo, na cidade de Saint David, no extremo oeste de Gales, tornou-se um importante centro de peregrinação regional. São David é padroeiro do país de Gales, onde sua festa, no dia 1 de março, é uma importante data nacional. Sua cruz quadrada, em ouro sobre preto, foi originalmente distintivo do bispado de São David; nunca foi uma bandeira nacional, mas é usada em escolas e estabelecimentos diversos ao lado da bandeira oficial de Gales. O santo também é padroeiro dos poetas e da poesia, dada a importância desta na cultura galesa de transmissão oral; nas comemorações de seu dia votivo destacam-se os festivais de declamação, canto e dança, além de uma tradicional refeição de comunhão, que relembra sua prática de compartilhar o alimento. Desta forma, São David pode ser visto como aquele que dá o alimento aos que têm fome e a água aos que têm sede, tanto física como espiritualmente. Por sua mansidão, o santo foi chamado "pomba entre os homens"; por isso, é o patrono dessas aves.

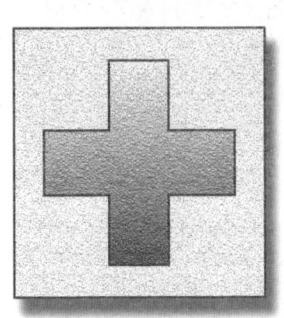

De São Jorge

Conta uma lenda que, em outubro de 1097, quando os cavaleiros da primeira Cruzada enviada à Terra Santa cercaram a cidade de Antióquia, um padre que acompanhava as tropas cristãs foi abordado por um jovem belíssimo, que disse ser São Jorge, o guia dos cristãos, e que os ajudaria. O cerco à cidade arrastou-se por vários meses e, quando os soldados europeus já estavam desanimados com a resistência dos mouros, São Jorge apareceu sobre as muralhas de Antióquia, com uma armadura toda branca e uma cruz quadrada simples, vermelha, no peito, acenando aos soldados para que o seguissem. Reanimados, os cruzados escalaram os muros da cidade e a tomaram, abrindo caminho para a conquista de Jerusalém e para o estabelecimento do Reino Cristão da Terra Santa. Este fato fez com que os cruzados trouxessem para a Europa a devoção a São Jorge e o desenho da sua cruz. Durante a terceira Cruzada, o rei inglês Ricardo Coração de Leão, após estabelecer a paz com os sarracenos, mandou reconstruir a antiga igreja de São Jorge na cidade de Lida (perto da atual Tel-Aviv), onde o santo era cultuado desde o século IV; foi esse rei que levou a devoção ao santo para a Inglaterra e tornou-o padroeiro do reino, colocando sua cruz na bandeira inglesa (superposta às de Santo André e São Patrício). O santo também é padroeiro de Portugal, da Ucrânia, da Catalunha (na Espanha) e dos Escoteiros de todo o mundo. Embora tenha havido uma tendência para suprimir sua festa oficial, pelo fato de que não existem provas concretas de sua existência, São Jorge continua a ser homenageado pelo povo na sua data tradicional, a 23 de abril. Nas Igrejas Orientais, o santo é venerado como grande mártir e vencedor de batalhas; na Igreja Copta, é o santo protetor dos lares e das famílias, o amigo pessoal de todos os cristãos; na Igreja Romana, é protetor contra perigos e inimigos, além de ser o patrono de soldados e policiais.

Do Terceiro Milênio

No Ano Santo do Jubileu dos 2000 anos do nascimento de Jesus Cristo, a Igreja Católica Romana usou como símbolo uma cruz de desenho novo, que passou a ser considerada a Cruz do Terceiro Milênio do catolicismo. Consiste em uma cruz quadrada disposta sobre um círculo azul, que simboliza a Terra que abriga a humanidade e o ventre da Virgem que abriga Jesus. O centro da cruz, expandido para representar a população da Terra, consiste em um círculo formado por cinco pombas encaixadas entre si, nas cores azul, amarelo, vermelho, verde e cinza (preto e branco); estas cores, as que aparecem mais freqüentemente em todas as bandeiras do mundo, são as utilizadas para representar o conjunto dos cinco continentes significativos (África, Américas, Ásia, Europa e Oceania), desde que foram empregadas no desenho da bandeira das Olimpíadas modernas (no início do século XX). Cada braço da cruz é formado por três linhas paralelas, nas cores das pombas mais próximas, de modo a representar o Cristo Redentor encarnado dentro da história da humanidade inteira. Essa cruz expressa o diálogo e a integração entre todos os povos e credos, propostos pela Igreja Romana e implementados nos eventos ligados ao ano do Jubileu. Como é dito acerca do Ano Santo, essa cruz simboliza graça, renovação, reconciliação, partilha e agradecimento.

Triangulada

Os braços dessa cruz são triângulos unidos no centro por um dos ápices. Lembra a cruz modelada (já descrita), mas não tem a espessura dos braços que esta tem no centro. É usada em heráldica.

Trifoliada

Os braços dessa cruz são terminados por três folhas, formando um trevo. É usada em heráldica; o trevo é símbolo de sorte e esperança.

Vazada (aberta)

Consiste em uma cruz quadrada de braços largos, dentro da qual é traçada outra cruz mais estreita, de modo que, da original, aparece somente uma faixa estreita contornando a segunda. É usada em heráldica para produzir uma variação em uma cruz simples ou para criar uma superposição de duas cruzes de origens diferentes em um brasão composto (como ocorre na bandeira da Comunidade Britânica, em que a cruz de São Patrício é superposta à de Santo André).

CRUZES LATINAS

A cruz latina originou-se diretamente da cruz do sacrifício de Cristo; por isso, é a mais utilizada como modelo das cruzes litúrgicas ocidentais, embora também possa ser usada em heráldica. Também é chamada, em latim, "crux immissa" (cruz pendente, porque o braço inferior, maior, parece pender) ou "crux capitata" (cruz com cabeça, porque o braço superior forma uma cabeça em uma cruz T). As figuras a seguir mostram os vários tipos de cruzes latinas aqui descritas.

Alfa-ômega

Consiste em uma cruz latina ladeada pela primeira e a última letras do alfabeto grego (alfa e ômega), lembrando a mensagem de Cristo: "Eu sou o princípio e o fim." É uma cruz litúrgica, usada principalmente nas solenidades da Santíssima Trindade, da Ascensão do Senhor e do Cristo Rei.

Âncora (de São Clemente)

Consiste em uma cruz latina de hastes finas, três das quais são arrematadas por argolas e a última, a inferior, assenta sobre uma base de âncora. É uma cruz litúrgica, símbolo da esperança em Cristo. Também é a cruz de São Clemente (terceiro papa depois de São Pedro, de 88 a 97d.c.) que, de acordo com a tradição, foi jogado ao mar amarrado a uma âncora. São Clemente, festejado no dia 23 de novembro, é protetor das crianças doentes e padroeiro dos barqueiros e dos marinheiros.

Bizantina

É uma cruz latina cujos quatro braços terminam em expansões no feitio de trapézios com a base maior voltada para fora. É usada como cruz litúrgica pela Igreja Ortodoxa Grega. Em heráldica, é a base da cruz da Ordem de Cristo, descrita adiante.

Brotada

É uma cruz latina com as extremidades dos quatro braços terminadas por três brotos redondos. É uma cruz litúrgica, sendo usada nas solenidades em homenagem à Santíssima Trindade, por lembrá-la no broto trifoliado.

Calvária

Consiste em uma cruz latina simples, montada sobre três degraus de tamanhos decrescentes de baixo para cima. O conjunto representa o monte Calvário e os três degraus simbolizam as três graças cristãs: fé, esperança e caridade.

Dos Capuchinhos

Consiste em uma cruz latina abrochada, ou seja, com os quatro braços terminados por bolas (broches ou pomos). A haste encimada por uma bola era usada em tempos antigos como bastão por frades missionários e peregrinos, sendo um símbolo de autoridade. Por isso, essa cruz é o distintivo da Ordem dos Capuchinhos.

De Caravaca

A cidade de Caravaca (na Espanha) conserva, desde o século XIII, um fragmento da verdadeira Cruz de Cristo, preservada em Jerusalém e trazida para a Espanha, possivelmente por um religioso agregado aos Cruzados. A presença da relíquia transformou a região em um dos grandes focos de peregrinação do mundo cristão. O que é chamado de Cruz de Caravaca é o relicário do Santo Lenho existente no santuário de Caravaca. Ele consiste em uma cruz patriarcal, com as extremidades dos quatro braços aproximadamente no formato adotado na cruz bizantina, e com a borda formada por uma carreira de rubis e outra de topázios, incrustados em ouro. A frente do relicário é feita em cristal, para que a relíquia guardada nele (dois fragmentos do Santo Lenho dispostos em cruz) possa ser vista. No alto da cruz está a inscrição INRI (Iesus Nazarenus Rex Iudeorum); no cruzamento superior, uma coroa de espinhos; no cruzamento inferior, os monogramas IHS (Iesus Hominus Salvator) e MV (Maria Virgo) entrelaçados; no meio do braço inferior há um apoio para os pés; e no pé da cruz, as letras alfa e ômega. Esse pequeno relicário (mede apenas 17 cm de comprimento) é sustentado por dois anjos de ouro que lembram a lenda sobre a chegada milagrosa da relíquia na cidade, trazida por dois anjos para a celebração de uma missa diante do chefe mouro local, por um padre que estava entre seus prisioneiros de guerra. Considerada pela Igreja Romana uma das principais relíquias do catolicismo, a Santa Cruz de Caravaca tem duas festas anuais em sua homenagem: a Adoração da Santa Cruz, no dia 14 de setembro, que é uma festa de quase todas as Igrejas Cristãs desde o século IV; e a Festa da Aparição, entre os dias 1 e 5 de maio, lembrando o milagre da vinda da relíquia para a região.

Celta

É uma cruz latina com um anel vazado circundando a interseção das hastes, de modo que os braços ultrapassam o círculo. É o distintivo da Igreja Cristã Celta (da Grã-Bretanha), tendo sido criada por Santo Colum (Columba), missionário inglês que levou o cristianismo à Escócia no século VI. Quando é usada em heráldica, é chamada "cruz de gesta" (façanha ou narrativa de façanha) pois, desde a Idade Média, simboliza a busca de aventuras cavalheirescas como prova espiritual. Como cruz litúrgica, o anel simboliza o amor e as bênçãos de Deus circundando e protegendo o devoto; essa expressão é muito usada nas bênçãos celtas, que são a forma mais comum de devoção nessa Igreja.

Crucifixo

Consiste em uma cruz latina com a representação do Cristo preso a ela; é um dos mais importantes Sacramentais do catolicismo, além de fazer parte de outro Sacramental, que é o Rosário de Nossa Senhora. É o símbolo de Jesus sacrificado, assim como a cruz vazia é o símbolo do Cristo ascendido ao céu. É uma das principais cruzes litúrgicas do catolicismo e das igrejas orientais, pois resume o simbolismo central do cristianismo: o mistério da morte e ressurreição de Cristo. O Cristo pode ser representado de duas formas: pendente, no momento mais doloroso do sacrifício; ou ascendente (na postura do Cristo Redentor), no momento em que, ressuscitado e vitorioso, sobe ao céu. Jesus crucificado é o Senhor do Bonfim (Bom fim), uma das formas como Cristo recebe mais devoções no Brasil, especialmente durante a Semana Santa.

Engrinaldada

É uma cruz festiva, adornada com uma guirlanda de flores. É usada na Páscoa, no Natal e em outras comemorações cristãs jubilosas.

Escalada

É parecida com a cruz calvária (já descrita), mas seu significado é diferente. Enquanto que a calvária está colocada sobre três degraus que representam o monte Calvário, a cruz escalada aparece sobre sete degraus, que simbolizam os sete céus planetários da cosmogonia cristã medieval: do Sol, da Lua, de Mercúrio, de Vênus, de Marte, de Júpiter e de Saturno. Desta forma, ela representa a Árvore Cósmica através da qual a alma subirá até a presença de Deus, que está além desses sete céus materiais, no Empíreo.

Latina Flordelisada

É uma cruz latina com cada uma das extremidades dos braços terminada por uma flor-de-lis afixada com o auxílio de uma barra transversal de conexão, não parecendo fazer parte do corpo da cruz. É uma cruz litúrgica, sendo usada nas solenidades em homenagem à Santíssima Trindade, que é lembrada nas três pétalas da flor.

Latina Florida

Consiste em uma cruz latina cujos quatro braços são arrematados por flores-de-lis, que saem diretamente do corpo da cruz. É uma cruz litúrgica, sendo usada nas solenidades em homenagem à Santíssima Trindade, que lembra nas três pétalas da flor.

Latina Simples (de bispo)

Essa cruz é formada por uma única barra horizontal que cruza a haste vertical acima de seu centro. Tem os braços terminando em corte reto, sem qualquer ornamento; é a cruz carregada por Jesus na Via Sacra, a cruz do Senhor dos Passos. Uma característica importante dessa cruz, quando é apresentada isoladamente, é que ela está vazia, lembrando que Jesus ressuscitou e simbolizando a esperança na vida eterna. Embora seja adotada pelo catolicismo como distintivo dos bispos e seja usada em solenidades durante todo o ciclo litúrgico anual, ela é mais característica das religiões protestantes, que a preferem por ser uma evocação do Cristo triunfante; essas religiões não gostam de usar o crucifixo, pois o interpretam erroneamente como uma representação mórbida do momento da aparente derrota do Filho. Para o catolicismo, a meditação sobre as estações da Via Sacra, que inicia quando Jesus é condenado à morte e termina com sua ressurreição, é um Sacramental, quando é realizada formalmente em uma igreja, como culto público e coletivo.

De Lorena

Embora às vezes esse nome seja dado à cruz patriarcal (ver adiante), a cruz de Lorena também é descrita como tendo duas barras horizontais de mesmo tamanho, estando colocadas uma acima e outra abaixo do centro da haste vertical. Em heráldica, é o distintivo da Casa de Lorena, uma das casas mais nobres da Europa.

Mariana
(da Medalha Milagrosa)

Em 1830, Santa Catarina Labouré teve uma visão da Virgem Maria, que lhe apareceu de pé sobre o globo terrestre e com raios de luz saindo de anéis em seus dedos (simbolizando as graças que ela derrama sobre os fiéis). Segundo o relato de Catarina, Maria deu-lhe a missão de difundir sua devoção, mandando fazer uma medalha em que ela aparecesse dessa forma. Na mesma visão, Catarina viu o outro lado da medalha, que consiste no desenho hoje chamado cruz Mariana. Consiste em uma letra M entrelaçada com uma haste horizontal de onde sobe uma cruz latina simples. Sob as hastes do M estão os Sagrados Corações de Jesus e Maria; e o conjunto é circundado por doze estrelas que simbolizam os Apóstolos. Essa medalha foi chamada, inicialmente, Medalha da Imaculada Conceição; mas, depois de muitas curas e conversões a ela atribuídas, tornou-se conhecida como Medalha Milagrosa. Ela é um dos Sacramentais da Igreja Católica e é ocasionalmente usada como distintivo por membros da Ordem Teutônica de Santa Maria em Jerusalém. O dia em que ocorreu a aparição, 27 de novembro, passou a ser a data comemorativa de Nossa Senhora das Graças ou da Medalha Milagrosa.

Dos Metodistas

A Igreja Metodista adota, como as demais Igrejas protestantes, a cruz latina vazia, que simboliza Jesus Cristo vencendo a morte, a ressurreição. A essa cruz é acrescentado o desenho de uma chama que simboliza o fogo do Espírito Santo.

Da Misericórdia

Esta cruz é usada pelo Papa no topo de seu báculo. Caracteriza-se pela curvatura das hastes em direção ao corpo pendente de Cristo. Embora grupos reacionários e preconceituosos, anti-católicos, tentem deturpar seu significado, inventando uma pretensa ligação entre esse modelo e feitiçarias medievais, na verdade essa cruz simboliza o "abraço do Pai", que envolve o corpo do Filho na hora em que ele cumpre sua missão de sacrifício. Essa cruz mostra um momento muito importante do mistério da morte de Cristo, representando a misericórdia do Pai no momento mesmo em que o Filho lhe perguntava porque o havia abandonado e quase perdia as forças para enfrentar o suplício até o fim. Ao ser adotada como distintivo do Papa no final do século XX, representa a noção moderna da "Igreja que sofre", solidária com todos os sofredores e explorados do mundo.

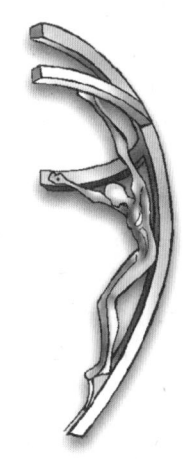

Do Natal

Consiste em uma cruz latina fina, com os braços ponteagudos como raios de luz, e com o centro superposto a um círculo com doze pontas (três em cada intervalo entre dois braços), formando uma estrela com resplendor. Relembra a narrativa do nascimento de Jesus e o propósito de sua vinda ao mundo. É uma cruz litúrgica, sendo usada nas comemorações do Advento e da Epifania (dia de Reis).

Oriental

Esta cruz é usada pela Igreja Ortodoxa Russa. Consiste em uma cruz patriarcal (com duas barras horizontais de tamanhos diferentes), com uma terceira barra transversal, pequena e inclinada em relação à haste vertical, colocada abaixo do meio desta. A barra superior representa a inscrição INRI, como na cruz católica; e existem duas explicações alternativas para a barra inferior. A primeira diz que ela seria a barra posta sob os pés de Jesus, que estaria inclinada porque as pernas dele eram desniveladas. A segunda explicação, considerada a mais provável, diz que a barra é inclinada para formar com a vertical uma cruz em X, dita cruz de Santo André (ver adiante), o introdutor do cristianismo na Rússia.

Da Paixão

Essa cruz latina tem as extremidades dos quatro braços formadas por pontas triangulares aguçadas como pontas de pregos, sugerindo o sofrimento de Cristo. É usada como cruz litúrgica durante a Quaresma e especialmente na Semana Santa.

Panejada

É uma cruz latina adornada com panejamentos que envolvem o cruzamento das hastes e caem dos braços horizontais. É uma cruz para momentos especiais, mas é mais solene que alegre. Dependendo da cor do panejamento (branco, vermelho, preto), pode representar alegria ou luto.

Papal

É uma cruz latina com a haste vertical um pouco mais longa que o comum e com três barras horizontais, de tamanhos crescentes de cima para baixo. É o emblema oficial do Papa e não pode ser usada em nenhuma outra situação. As barras horizontais simbolizam os três campos de autoridade do Papa: a Igreja, o Mundo e o Céu.

Patriarcal

Consiste em uma cruz latina com duas barras horizontais, de tamanhos desiguais, ambas situadas na metade superior da haste vertical. A barra superior, que é a menor, representa a inscrição colocada na cruz de Cristo pelos romanos (INRI, ou seja, Jesus de Nazaré Rei dos Judeus). É uma cruz litúrgica, sendo a insígnia de cardeai:

Da Ressurreição

É uma cruz latina simples, de hastes finas, com o braço inferior muito longo e com um galhardete pendurado na junção das barras. Esse galhardete é branco e tem pintada uma cruz latina vermelha. É o distintivo do Cristo triunfante sobre a morte e aparece nas representações de Jesus ressuscitado e do Agnus Dei (o Cordeiro de Deus), que é um dos Sacramentais católicos (uma imagem do Cordeiro de Deus impressa em cera e benta pelo Papa).

Da Rosa Mística

Consiste em uma cruz latina tendo uma rosa sobre o cruzamento das hastes. Rosa Mística é um nome dado tradicionalmente à Virgem Maria. Esta denominação é usada por Dante na narrativa da sua jornada pelo Paraíso, ao descrever o Empíreo, situado além dos círculos planetários. Aí o poeta contempla a apoteose de Maria, coroada Rainha do Céu por uma chama descida do ponto mais alto do Empíreo, onde a Santíssima Trindade (um ponto de luz mais forte que todas as outras) ocupa o centro dos nove círculos angélicos. A imagem de uma grande rosa luminosa e branca, em cujo centro está Maria, é criada pelo brilho das multidões de espíritos bem-aventurados que se movem em torno da Virgem; e a própria Maria é chamada Rosa, "a flor na qual o Verbo se fez carne".

Do Sagrado Coração (do Apostolado)

A original consiste em uma cruz latina em prata sobre vermelho, tendo no cruzamento das hastes o Sagrado Coração de Jesus em vermelho, com a coroa de espinhos e a chama em ouro. É o distintivo da Congregação dos Apóstolos do Sagrado Coração de Jesus, fundada em 1894 na Itália pela Madre Clélia Merloni. O Apostolado tem sede em Roma e seis províncias: três na Itália, duas no Brasil e uma nos Estados Unidos; atua em educação, saúde, serviço social e atividade pastoral. Reproduções estilizadas dessa cruz podem ser encontradas em metal, com um coração ou um brilhante superposto ao seu centro.

De Santa Rosa de Lima

A padroeira da América do Sul e das Filipinas nasceu em Lima, no Peru, em 1586. Foi batizada com o nome de Isabel de Flores e crismada com o de Rosa. Com vinte anos, tornou-se freira dominicana; passou oito anos enclausurada e entregue a práticas ascéticas que a levaram a êxtases religiosos e à realização de milagres. Morreu em 1617, dois anos após abandonar a clausura, já com fama de santa. Foi canonizada em 1668; é padroeira dos floristas, jardineiros e enfermeiros, e sua festa é no dia 23 de agosto. Entre suas penitências, Santa Rosa incluía o uso de uma coroa de espinhos; por isso, é representada segurando uma grande cruz latina, de hastes longas e finas, com uma coroa de espinhos pendurada no cruzamento dos braços.

De Santa Teresinha

Santa Teresinha do Menino Jesus, ou Santa Teresa de Lisieux, também é conhecida como a "santa das rosas". Nascida na França, em 1873, conseguiu autorização do Papa para tornar-se freira carmelita com apenas quinze anos. Tuberculosa, morreu aos 24 anos. Durante seus nove anos de vida religiosa, combinou uma intensa experiência espiritual com o trabalho no mundo quotidiano. Graças a isso, logo após ser canonizada, foi declarada padroeira das atividades missionárias católicas, além de ser padroeira da França junto com Santa Joana d'Arc; é festejada no dia 1 de outubro. Santa Teresinha registrou suas vivências espirituais em um diário que, após sua morte, foi publicado com o título de "História de uma Alma." A sua atitude de humildade e devoção fica bem clara na frase: "... jogar a Jesus flores de pequenos sacrifícios." Talvez tenha sido esta expressão a responsável pela sua representação tradicional, segurando um grande crucifixo quase coberto por um grande ramo de rosas, além de tê-la tornado padroeira dos floristas e floricultores. Segundo a tradição popular, quando, após fazer a novena da santa, o devoto recebe de alguma forma uma rosa, esta é uma mensagem de Santa Teresinha, dizendo que seu pedido será atendido.

De Santo Expedito

Muito pouco é sabido a respeito deste santo. Supõe-se que tenha existido um mártir cristão com esse nome, que viveu na Armênia durante o século II ou III; segundo alguns, teria sido soldado das legiões romanas. Segundo a tradição, Expedito foi supliciado juntamente com outros mártires cristãos no dia 19 de abril de 303; este ficou sendo seu dia votivo. Seja qual for sua verdadeira origem, o que se sabe é que seu culto começou na Armênia e daí se expandiu por toda a Europa. O santo é representado em trajes de legionário romano, pisando um corvo de cuja boca sai a palavra "cras" (amanhã, em latim) e segurando uma cruz latina simples, de madeira, com a inscrição "hodie" (hoje). Esses dois elementos simbolizam a preguiça derrotada e a diligência estimulada; esta é a área de ação do santo, invocado para auxiliar na solução de problemas urgentes, além de ser padroeiro dos militares.

De São Cipriano

São Cipriano, professor de filosofia e advogado, foi bispo de Cartago no século III, após ter-se convertido ao cristianismo já adulto. Recusando-se a renegar sua fé, como era exigido aos cristãos durante o reinado de Décio para que fossem considerados bons cidadãos romanos, Cipriano viveu clandestinamente até diminuírem as perseguições. Retornando à atividade, lutou pela unidade da Igreja Romana, contra o papa indicado pelo Império. Como conseqüência, foi decapitado em 258. É festejado no dia 16 de setembro, sendo um dos Doutores da Igreja. Por ter experimentado a vida dos fugitivos da lei e dos marcados por condenações injustas, São Cipriano é padroeiro de prisioneiros e de guardas de presídios; em seus escritos, também deixou orações pedindo a Deus proteção contra os inimigos invejosos e cruéis. É provável que seja este o motivo por que a tradição popular atribui à sua cruz o poder de proteger contra feitiçarias e maus espíritos. Essa cruz é latina, feita em madeira ou metal, com os quatro braços arrematados por pinhas, semelhante a uma cruz abrochada.

De São Pedro

É uma cruz latina invertida, ou seja, com a barra horizontal abaixo do centro da vertical. Lembra que, segundo a tradição, São Pedro foi crucificado de cabeça para baixo. Segundo historiadores, esta era a maneira usada em Roma para crucificar especificamente os condenados por desrespeitarem a religião do Império, como meio de infligir-lhes a humilhação máxima; esta forma de suplício ficou registrada na carta do Enforcado do Tarô. São Pedro, o primeiro dirigente da Igreja Romana, é festejado no dia 29 de junho.

Triunfante

Também é chamada Cruz da Vitória ou Cruz com Orbe. Consiste em uma cruz latina simples, com a extremidade inferior apoiada em uma barra horizontal que forma o equador de um disco representativo do globo terrestre. É uma cruz litúrgica: representa o triunfo de Cristo e seu reinado sobre o mundo, sendo usada no topo do cetro do Cristo Rei e aparecendo na mão do Menino Jesus em suas várias representações.

De Tucum (da Solidariedade)

O tucum, ou tucumã (Astrocaryum tucuma), é uma palmeira nativa do norte do Brasil que já era utilizada para várias finalidades pelos povos indígenas, desde antes da chegada dos europeus à região. De suas folhas é feita uma fibra utilizada em cordoaria, tecelagem e cestaria; as sementes fornecem um óleo comestível; e a casca do coco, marrom e de pequenas dimensões, é aproveitada para a escultura de pequenos adornos. Ainda hoje, o tucum é um dos principais recursos para a sobrevivência das populações pobres do norte do país. O trabalho pastoral desenvolvido pela Igreja Católica na região, comprometido com a Teologia da Libertação, adotou como distintivo uma pequena cruz latina, simples, feita de coco de tucum. Essa cruz tem as hastes vertical e horizontal levemente curvas, pois é esculpida acompanhando a convexidade natural do coquinho. Ela também é chamada Cruz da Solidariedade, pois representa o compromisso assumido pela Igreja com os pobres. Por isso, não é motivo de estranheza o fato de que setores reacionários dentro do próprio meio católico, que criticam a Teologia da Libertação, procurem desmoralizar seu símbolo, dizendo que essa cruz, assim como o anel de tucum usado com o mesmo significado, representam forças do mal.

Da Unidade

Esta cruz litúrgica retrata o momento de máximo sofrimento da Paixão de Cristo quando, quase morto, ele tem seu corpo pendente, enquanto Maria, aos pés da cruz, o ampara. Um aspecto muito importante da representação atual desse momento da vida de Cristo é que a Virgem não está ajoelhada, mas de pé junto o Filho (em algumas representações, abraçando-o), estando quase à mesma altura que ele e tocando com a mão direita (ou tendo diante de si), à altura do peito de Jesus, o Cálice da Eucaristia. Acima da cabeça de Cristo está a pomba do Espírito Santo junto ao olho que simboliza Deus-Pai (que também pode ser representado sob a forma humana). Desta forma, essa cruz simboliza a unidade entre a Santíssima Trindade e a Virgem Maria. É talvez a cruz de significado mais forte entre todos os modelos atualmente adotados pelas várias religiões cristãs, pois nela Maria assume oficialmente sua posição de Co-Redentora da humanidade e Mãe da Unidade, como é vista modernamente pela Igreja Católica Romana.

Velada

A cruz latina (ou o crucifixo) totalmente coberta por um pano é um símbolo de luto, sendo uma tradição da solenidade de Trevas, na Semana Santa. Simboliza o período em que Jesus esteve morto; o pano somente é removido no momento em que é comemorada sua ressurreição.

CRUZES EM ASPA

Esse modelo é uma variação da cruz quadrada; também é chamado "crux decussata" (de "decusso", termo latino que significa "cruzado em X"). É muito usado nas Igrejas Orientais, que seguem os desenhos gregos e bizantinos. As figuras seguintes mostram as cruzes em aspa mais conhecidas.

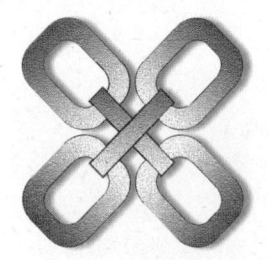

Em Corrente

É uma cruz em aspa, cujos braços são formados por dois pedaços de corrente. É usada em heráldica. Feita em ouro, constituiu o brasão dos reis de Navarra.

Cristograma (Qui-rô)

É a abreviatura da palavra "Cristo" formado pelas letras gregas qui e rô superpostas. Também é chamada Cruz de Constantino porque, segundo a tradição cristã, foi a figura que apareceu em sonhos ao imperador romano, junto com a promessa de vitória ("In hoc signo vinces"), o que provocou sua conversão ao cristianismo. É uma cruz litúrgica e foi encontrada em túmulos dos primeiros séculos do cristianismo.

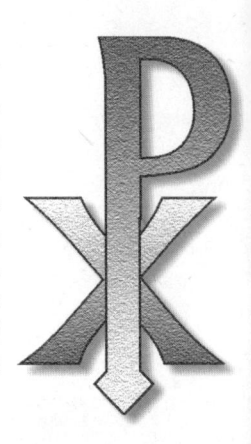

Mística

Essa cruz foi usada nos primeiros séculos do cristianismo. Consiste em um Cristograma ladeado, na altura do qui, pelas letras gregas alfa e ômega, marcando a presença de Cristo; com uma serpente enrolada na haste do rô, representando o mal vencido; duas pombas representando a alma; e a palavra latina "salus", que significa "salvação".

De Santo André

Santo André, irmão de São Pedro, foi um dos apóstolos. Segundo a tradição, ao ser condenado à morte na cruz, ele pediu que fosse feita uma cruz em forma de X, porque ele não se considerava digno de ser martirizado da mesma forma que Cristo. Sua cruz é tingida em prata (branca) sobre azul; tem uso heráldico (aparece na bandeira da Grã-Bretanha, junto com as de São Jorge e São Patrício, e nas de outros países europeus) e litúrgico, simbolizando humildade e sacrifício. Santo André, padroeiro dos pescadores e das mulheres solteiras, tem sua festa no dia 30 de novembro.

De São Patrício

São Patrício foi o evangelizador da Irlanda, tendo vivido na primeira metade do século V. Segundo sua autobiografia, ele nasceu na Inglaterra e, com dezesseis anos, foi capturado por piratas e vendido como escravo na Irlanda. Anos depois, Patrício conseguiu fugir para o norte da França; mas, tendo tido um sonho com Jesus, converteu-se ao cristianismo e voltou para a Irlanda como missionário. Sua cruz é em aspa porque, segundo uma lenda, o santo teria sido martirizado em uma cruz dessa forma. Quando a Irlanda tornou-se independente, em 1783, foi criada a Ordem de São Patrício, que é o patrono do país, tendo essa cruz como distintivo, tendo no centro um trevo verde, o símbolo nacional da Irlanda (segundo a lenda, adotado pelo próprio São Patrício como símbolo da Santíssima Trindade e usado por ele para afugentar para o mar todas as serpentes da Irlanda). A cruz é vermelha e, na bandeira britânica, fica sobre a cruz de Santo André. São

Patrício, padroeiro dos engenheiros e protetor contra serpentes, é festejado no dia 17 de março.

CRUZES DE TRÊS BRAÇOS

Estudiosos do assunto consideram que provavelmente este era o feitio da verdadeira cruz de Cristo, pois era o modelo usado na época pelos romanos para supliciar os condenados. Pertencendo à antiga tradição judaica, é um símbolo de predestinação divina. Adiante os desenhos mostram as cruzes de três braços mais conhecidas.

Pálio

É uma cruz em forma de Y (forquilha), usada em heráldica para dividir o campo de um escudo em três partes. É uma das estruturas básicas dos brasões, uma das principais honrarias outorgadas a um cavaleiro.

De Santo Antônio

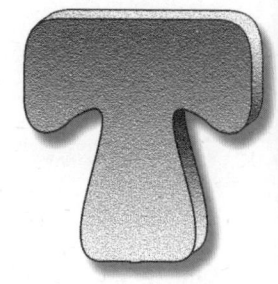

Durante os últimos meses da sua vida (entre março e junho de 1231), quando já se encontrava muito doente, Santo Antônio fixou sua residência no Eremitério de Monte San Paolo, próximo a Pádua. Lá passava o tempo a meditar e a orar em uma cela mandada construir especialmente para ele entre os galhos de uma árvore, pois ele não se sentia bem no recinto fechado do convento. Depois de sua morte, seus devotos passaram a usar uma cruz em forma de T, feita em madeira, com os braços alargados em direção à extremidade, lembrando um tronco de árvore apoiado em raízes largas (às vezes inclinado para a direita) e encimado por uma copa com os galhos pendentes. Segundo a tradição católica, essa cruz representa a árvore que abrigou o santo em seus últimos dias. Atualmente, ela é usada como emblema por devotos do santo, por membros do clero e por irmãos leigos franciscanos (da Ordem a que pertenceu o santo). Santo Antônio de Pádua, é um dos santos mais queridos no Brasil, sendo padroeiro dos pobres, dos viajantes, das famílias e dos namorados, além de ajudar a encontrar objetos perdidos; é festejado no dia 13 de junho.

De São Dimas

São Dimas, também chamado "o bom ladrão", foi crucificado ao lado de Jesus. Teve o privilégio de ser canonizado pelo próprio Cristo, tornando-se o primeiro santo cristão. É padroeiro dos criminosos arrependidos (em particular dos ladrões), dos condenados e prisioneiros, e protetor contra os roubos. É representado preso a uma cruz tau rústica, vestindo apenas uma tanga branca e com o rosto voltado para o céu, após ouvir Jesus dizer que "logo o encontrará na casa do Pai". É venerado no dia 25 de março.

Tau

É a cruz em forma de T ou da letra grega tau, que tem o mesmo formato. Também é chamada "crux commissa", do latim, significando "junta, unida". Segundo um relato tradicional, embora sem respaldo no texto bíblico, essa cruz aparece no Êxodo, tendo sido formada quando Moisés, durante a disputa com os sacerdotes egípcios, levantou do chão seu cajado, no qual vinha pendurada uma das serpentes vencidas por ele. Por isso, a cruz tau simboliza a vitória do bem contra o mal. A descrição feita, no mesmo livro, do anúncio da décima praga (o extermínio dos primogênitos no Egito) sugere que a cruz traçada com sangue de cordeiro nas portas das casas dos hebreus, acompanhando o madeiramento das casas, tinha esse feitio. Em heráldica, é o formato do chefe-pala, uma das honrarias básicas colocadas nos brasões.

CRUZES DAS GRANDES ORDENS MILITARES E RELIGIOSAS CRISTÃS

A seguir são mostradas as cruzes das Ordens aqui descritas. Foram relacionadas apenas as Ordens antigas e internacionais, com exceção de algumas ordens restritas à península Ibérica, mas que são conhecidas no Brasil.

De Avis

No século XI, o Condado de Portugal, que fazia parte do reino de Leão e Castela, foi governado por Henrique de Borgonha. Após sua morte, seu filho, Afonso Henriques, disputou o poder com a mãe, D. Teresa; vencendo-a em São Mamede, em 1128, Afonso tornou-se conde de Portugal, sob as ordens do primo Afonso VII de Castela; em 1139, passou a intitular-se rei (fato tradicionalmente atribuído a uma vitória sobre os mouros na lendária batalha de Ourique, sem confirmação histórica), tendo a independência reconhecida pelo rei de Castela em 1143. Em 1162, o rei D. Afonso Henriques instituiu no país o ramo português da Ordem Militar de Calatrava (ver adiante). A primeira sede da Ordem era em Coimbra, então capital do reino. Em 1166, com a tomada de Évora pelos cristãos, a Ordem transferiu-se para essa cidade, com o nome de Ordem da Milícia. Mais tarde, passou para a cidade de Avis, assumindo o nome definitivo de Ordem de São Bento de Avis, com características religiosas e militares. A insígnia da Ordem é uma cruz quadrada florida, verde sobre prata. Durante os séculos XIV e XV, quando reinou em Portugal a dinastia de Avis, essa cruz fez parte da bandeira de Portugal. A Ordem foi secularizada em 1789, por D. Maria I, tornando-se uma simples honraria portuguesa.

De Calatrava

É o distintivo da Ordem Militar de Calatrava, criada no século XII por um monge cisterciense espanhol, com o caráter de um agrupamento de monges-soldados dedicados a defender Navarra dos mouros. Usa uma cruz quadrada vermelha bem fina, tendo como ornato, nos quatro braços, a letra M (Maria) escrita como uma flor-de-lis estilizada. Outras duas ordens espanholas, criadas com a finalidade de defender outras regiões, usam uma cruz semelhante. A Ordem de Alcântara foi criada no século XII para defender o reino de Leão; usa a cruz idêntica, em verde escuro. A Ordem de Montesa foi fundada, com autorização do Papa, por sobreviventes da Ordem do Templo, extinta em 1312, nos reinos de Aragão e Valência; usa a mesma cruz, vermelha, com uma cruz quadrada simples em ouro, superposta no centro. Essas Ordens continuam existindo atualmente na Espanha.

Constantiniana

É o distintivo da Sagrada Ordem Militar Constantiniana de São Jorge. Segundo a tradição, essa Ordem (ou a primeira com esse nome) foi criada pelo Imperador Constantino para levar a bandeira de seu exército, com o Cristograma, na batalha contra Maxêncio, em 312. A Ordem atualmente existente foi criada no século XVI, pelo Vaticano, para propagar a fé cristã, defender a Igreja e dar apoio à Santa Sé. Sua cruz é quadrada, flordelisada e vermelha; tem o Cristograma em ouro superposto no centro, ladeado pelas letras alfa e ômega em ouro nos braços laterais; e tem, nas extremidades dos quatro braços, em sentido horário, as letras IHSV ("In Hoc Signo Vinces") em ouro.

De Cristo

A Ordem de Cristo é uma antiga ordem militar portuguesa, criada em 1319 para congregar os sobreviventes portugueses da Ordem dos Cavaleiros do Templo, sediada em Alpreade desde 1125; é hoje uma das maiores honrarias da Igreja Católica, não sendo mais estritamente uma Ordem de Cavalaria. Sua cruz ficou muito conhecida no Brasil por ter sido usada pela Marinha de Portugal, tendo sido estampada nas velas dos navios portugueses. A cruz tem pequenas variações de acordo com o grau hierárquico de seu possuidor. Ela é latina, vermelha, vazada com uma cruz simples em prata no interior. A dos professos tem as quatro extremidades semelhantes às da cruz bizantina (trapézios com a base maior voltada para fora); a dos noviços tem essa expansão apenas na extremidade do braço inferior, tendo os outros três a extremidade reta, sem adornos.

De Jerusalém

Também é chamada Cruz do Santo Sepulcro ou dos Cruzados. É o distintivo da Ordem dos Cavaleiros do Santo Sepulcro, criada no tempo das Cruzadas (no século XII) para garantir a segurança dos peregrinos da Terra Santa; hoje é a principal Ordem católica, sediada em Jerusalém, tendo a missão de guardar todos os lugares santos da religião. Consiste em uma cruz grega potenciada (com os braços em forma de cruzes tau) tendo, nos intervalos entre os braços, quatro pequenas cruzes gregas simples; todo o conjunto é vermelho. As cruzes tau representam a lei do Velho Testamento; as gregas simbolizam o cumprimento da lei nos Evangelhos. Também é dita Cruz das Cinco Chagas porque as cinco cruzes gregas (a grande central e as quatro pequenas nos braços) representam as cinco chagas com que Cristo morreu na cruz. Foi o emblema de Godofredo de Bulhões, chefe da primeira Cruzada e primeiro governante do Reino Cristão de Jerusalém; e foi usada em heráldica, nos brasões dos Cruzados.

De Santiago

É o distintivo da Ordem de Santiago da Espada, criada na Espanha em 1164 para garantir a segurança dos peregrinos de Santiago de Compostela. Durante seus primeiros séculos de existência, essa Ordem espalhou-se por toda a península Ibérica, tendo os seus membros se tornado grandes senhores feudais na região. Até hoje é uma Ordem de caráter militar e estritamente ligada à nobreza espanhola, sendo seus cargos uma reprodução da alta hierarquia da monarquia desse país. A Ordem usa uma cruz latina vermelha, cuja haste vertical tem o formato de uma espada estilizada, com o braço inferior no formato de uma lâmina de dois gumes; a sua extremidade superior é florida ou tem um coração estilizado com a ponta voltada para fora. A haste transversal é florida nas duas extremidades e a cruz pode ter, sobre o cruzamento das hastes, uma concha de Santiago, distintivo dos peregrinos locais (embora não seja usada assim nas vestes dos membros da Ordem). O ramo português da Ordem, autônomo desde 1288, usa a mesma cruz em púrpura sobre prata. O patrono da Ordem é o apóstolo São Tiago Maior, irmão de São João Evangelista. Embora os registros históricos dos primeiros tempos do cristianismo afirmem que ele foi martirizado em Jerusalém, em 42, por ordem de Herodes, surgiu na Europa, no século VI, a crença de que ele teria sido o evangelizador da Espanha. A pretensa descoberta de seus restos mortais pelo bispo de Iria, no século IX, transformou a região (depois denominada Compostela, ou Campo da Estrela) no principal centro de peregrinação da Europa. São Tiago Maior é padroeiro de todos os trabalhadores e dos doentes de reumatismo; sua festa é no dia 25 de julho.

De São João

É o distintivo da Ordem dos Cavaleiros Hospitalários de São João, criada no século XI para manter um hospital destinado a atender peregrinos e cruzados na Terra Santa; esse hospital foi construído na cidade-fortaleza de Acre (na Palestina), próximo à Igreja de São João Batista, tornado patrono da Ordem. Com o fim das Cruzadas, os Cavaleiros de São João fixaram-se em Rodes e, mais tarde, na ilha de Malta; desde então, a Ordem passou a chamar-se Soberana Ordem Militar de Malta. A cruz original era quadrada e modelada, com os braços curtos e largos, com as bordas laterais levemente abauladas e a extremidade reta; a cor era prata sobre vermelho. No brasão da Ordem de Malta, a cruz tornou-se mais delgada e passou a ter a extremidade dos braços bifurcada, formando uma cruz de oito pontas (a cruz maltesa), mas conservou a mesma cor (prata sobre vermelho). A Ordem foi extinta em 1798, quando Napoleão tomou a ilha de Malta, eliminando sua base geográfica; atualmente existe apenas como uma honraria em vários países, exercendo atividade humanitária. São João Batista, seu patrono, também é padroeiro das rodovias e dos rodoviários; é festejado no dia 24 de junho.

De São Lázaro

É o distintivo da Ordem dos Hospitalários de São Lázaro, criada em Jerusalém em 1120, para administrar hospitais destinados aos peregrinos na Terra Santa. Essa ordem desapareceu pouco tempo depois e foi restabelecida no século XVI, com a mesma finalidade de assistência na área da saúde, função que exerce até hoje. Sua cruz original era quadrada simples, verde sobre prata. Essa cruz foi criada na Palestina e usada na Europa, nos primeiros tempos de existência da Ordem; mais tarde foram utilizadas cruzes com feitios diferentes, mas a cor sempre foi mantida, apesar de terem surgido discordâncias a esse respeito, porque o verde era a cor da bandeira dos povos islâmicos. Atualmente é usada uma cruz maltesa verde. São Lázaro foi o irmão de Marta e Maria, ressuscitado por Jesus; embora haja uma lenda que lhe atribui a fuga com as irmãs para Marselha, existem evidências históricas de que foi bispo e mártir em Chipre, onde existe o túmulo com seus restos mortais. Padroeiro dos doentes e protetor nas epidemias, o que justifica o fato de ser patrono de atividades hospitalárias, sua festa é no dia 17 de dezembro.

Templária

É o distintivo da Ordem dos Cavaleiros do Templo de Jerusalém, fundada em 1118. Os Cavaleiros Templários atuaram principalmente na garantia da segurança dos peregrinos na Terra Santa, além de lutar contra os mouros na Europa. Com o tempo, essa Ordem tornou-se o banco das cortes européias, controlando todas as riquezas do continente, tanto em dinheiro como em terras; por esse motivo, foi suprimida pelo Papa em 1312, em uma ação coordenada com a prisão dos membros da Ordem em sua sede em Paris, por ordem do rei da França, que confiscou todos os seus bens. Em Portugal, foi transformada na Ordem de Cristo (já descrita) pelo rei D. Dinis, em 1319. No século XX, surgiu na Europa uma nova Ordem Templária, não oficial e sem ligação com a original; é apenas uma associação civil de cultores das velhas tradições cavalheirescas, com tendências místicas. A Ordem original usava uma cruz pátea vermelha sobre prata.

Teutônica

É o distintivo da Ordem dos Cavaleiros Teutônicos, criada em 1128 pelos Cruzados, em Jerusalém, para administrar hospitais para peregrinos; mas atuou principalmente na Europa, impondo a cultura germânica em regiões conquistadas pelo império alemão. A Ordem perdeu todo o poder durante os séculos XV e XVI, principalmente devido à influência do luteranismo em seu interior. A organização atualmente existente chama-se Ordem Teutônica de Santa Maria em Jerusalém; no início do século XX, com o fim do império austríaco, tornou-se uma Ordem exclusivamente religiosa da Igreja, com províncias na Áustria, Alemanha, Itália e Iugoslávia. Conservou-se militar somente a Ordem Teutônica protestante da Holanda. Os padres e as freiras da Ordem católica usam uma cruz triangulada preta sobre azul; os familiares marianos, que não são estritamente membros da Ordem, usam essa cruz teutônica ou a cruz Mariana (já descrita). A Ordem desenvolve atividades espirituais (orações, eventos religiosos) e pastorais (assistência a doentes, crianças e deficientes).

A CRUZ NAS TRADIÇÕES POPULARES BRASILEIRAS

A devoção popular brasileira herdou diversos objetos com a forma de cruz da tradição européia e das religiões africanas. A seguir mostramos as que são encontradas mais facilmente.

Cajado de Oxalá
(paxorô ou opaxorô)

Nas religiões afro-brasileiras, Oxalá é a luz, o céu, o Criador, o pai de todos os orixás. Seu instrumento é um cajado chamado paxorô. Sua forma é análoga à da Árvore da Vida; tem uso exclusivamente litúrgico, sendo portado pelo orixá quando ele dança no terreiro e fazendo parte do seu assentamento. Consiste em uma vara comprida de metal branco (prata, estanho ou alumínio), que representa o "opa Oranian", o eixo do mundo. Essa vara passa pelo centro de três discos do mesmo material, fixados a distâncias regulares na sua metade superior. Os discos são de diâmetros decrescentes, de baixo para cima; e têm dezesseis adereços pendentes (originalmente búzios, atualmente enfeites metálicos) distribuídos em suas bordas. Esses adereços lembram as dezesseis direções do mundo regidas pelos dezesseis orixás. Segundo descrições da mitologia iorubá na África, os discos representam os três mundos naturais regidos pelos orixás: o menor é o mundo humano, a aldeia; o segundo é o mundo conhecido em torno da aldeia (campos e florestas); o maior representa o mundo desconhecido. O cetro é encimado por um globo que, originalmente, simbolizava "igbá", a cabaça da criação do mundo na mitologia iorubá; esta é uma sobrevivência da forma original africana do paxorô, que era simplesmente uma vara (o "opa Oranian") com uma bola ("igbá") na ponta, tendo logo abaixo dezesseis hastes horizontais (uma cruz múltipla horizontal) dispostas em círculo. Mais recentemente, com o sincretismo de Oxalá com Jesus, a cabaça foi substituída por uma pomba pousada sobre o globo terrestre, o que é um símbolo do poder de Cristo sobre o mundo.

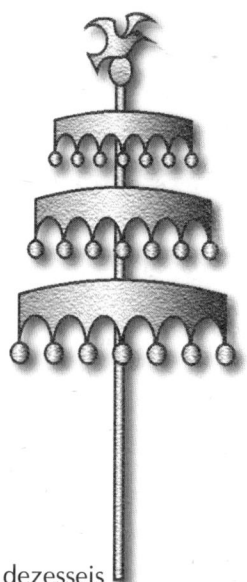

Cruz com Figas

São comuns, nas casas de artigos religiosos, as cruzes feitas em madeira, tendo o braço superior e os transversais arrematados na extremidade por uma pequena figa esculpida no próprio material. Essa cruz seria análoga à antiga cruz cruzetada, acrescentando ao significado da cruz principal o efeito protetor das três figas.

Cruz de Caravaca

A origem do culto à cruz de Caravaca está na devoção dos soldados espanhóis que, sobrevivendo às batalhas contra os mouros, iam ao santuário pagar suas promessas e agradecer as graças recebidas; com o passar do tempo, a crença no poder milagroso da Santa Cruz transformou-a em um dos mais populares talismãs da península Ibérica, desvirtuando seu significado original. Atualmente, réplicas da cruz de Caravaca, mais ou menos fiéis à relíquia verdadeira, são encontradas à venda nas lojas de artigos religiosos, ao lado de livros apócrifos contendo orações e fórmulas mágicas pretensamente relacionadas à cruz. Entretanto, a Confraria da Santíssima e Vera Cruz de Caravaca manifesta-se formalmente contra esse tipo de superstição, ressaltando o significado espiritual da Cruz como receptáculo de uma das maiores relíquias do cristianismo, os fragmentos do santo lenho.

Cruz de Madeira

As cruzes de madeira, usadas como amuletos, são muito comuns no Brasil. São geralmente feitas por seu próprio usuário, como parte de um ritual mágico; mas podem ser adquiridas em lojas de artigos religiosos. A madeira utilizada em sua confecção pode variar de acordo com o simbolismo desejado, podendo inclusive ser exigido um material recolhido na natureza pelo próprio dono da cruz; geralmente isso está indicado na descrição da cruz a ser confeccionada. Quando não há nenhuma indicação, pode ser usada qualquer madeira macia, que possa ser facilmente cortada.

Cruz de Palma Benta

Essa cruz é feita com uma folha de palmeira benta do Domingo de Ramos; é a forma tradicional como essa folha é guardada na Igreja Ortodoxa Grega e às vezes é utilizada no Brasil. Enquanto a folha ainda está fresca, com cuidado para que ela não se quebre, as folhinhas são trançadas ao longo da haste, separando-se algumas para fazer duas tranças laterais, uma para cada lado, mais ou menos no meio da peça. O resultado é uma cruz toda feita de trança de palha, com as extremidades dos braços arrematadas com nós da própria palha. Depois de benta na missa do Domingo de Ramos, essa cruz é colocada na sala de visitas, presa na moldura de um quadro (geralmente uma estampa religiosa) ou exposta sobre um móvel, ao lado da imagem do santo de devoção dos moradores. Diz a tradição popular que ela protege a casa e seus moradores quando ocorre uma tempestade; na Igreja Ortodoxa, assim como na Romana, a palma benta é um Sacramental.

Cruz para Proteção da Casa

Para que uma casa esteja sempre protegida contra todos os males materiais e espirituais que possam ser enviados contra ela e contra seus moradores, é comum que seja colocada uma cruz pelo lado de fora da porta. Pode ser um quadro fixado na parede, por cima da porta; uma cruz de madeira ou de metal, presa no batente da porta; ou uma cruz encravada na soleira externa da porta. Ela pode até ser feita com um mosaico de algum tipo de material que combine com o revestimento da parede ou do piso, ou com o mesmo material do revestimento, em uma cor diferente. Portas de madeira trabalhadas, cujas almofadas são separadas por ripas dispostas em cruz, fazem o mesmo efeito.

Cruzeiro

Este é o nome dado à cruz principal dos cemitérios e à cruz colocada em um local externo das igrejas, reservado para a queima de velas. A cruz principal dos cemitérios é um dos lugares mais importantes para a magia que trabalha com os espíritos dos mortos; ponto de reunião das almas, dos fantasmas e das divindades ligadas aos mortos, o cruzeiro é o local onde todas essas entidades recebem oferendas. O cruzeiro das igrejas é o lugar onde os católicos reverenciam a memória de entes queridos já falecidos, enviam preces por almas sofredoras e pedem a intercessão das almas bem-aventuradas junto a Deus.

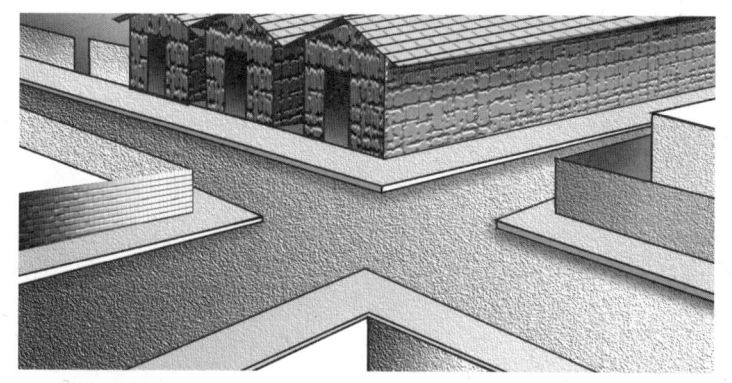

Encruzilhadas

As encruzilhadas representam o encontro e a dispersão das múltiplas forças que formam o mundo. Na mitologia grega, constituem o domínio de Hécate, a grande deusa do mundo inferior, que nelas passeia à noite com seus cães. Na tradição afro-brasileira, enquanto as retas dos caminhos são regidas por Ogum, o desbravador e conquistador, os cruzamentos são regidos por Exu, que tem o poder de controlar a manifestação de todas as formas de energia, para que elas não ajam de forma destrutiva; isto se aplica particularmente às forças reprodutivas e à sexualidade, que constituem talvez a principal área de ação desse orixá. Representando a multiplicidade dos caminhos da vida, a encruzilhada é o local de encontro de todas as divindades que governam os aspectos da vida "na rua", ou seja, o trabalho, o sucesso nos empreendimentos, os deslocamentos e também os amores e a vida sexual. Por isso, é o lugar onde são colocadas as oferendas quando é pedido auxílio ao "povo da rua", às entidades que podem abrir os caminhos da vida. É interessante observar que a tradição mágica brasileira dá características diversas às encruzilhadas com formatos diferentes: a encruzilhada em forma de cruz é considerada "macho", enquanto a em T é "fêmea". Isso muitas vezes determina o tipo de entidade que receberá oferendas em um ou em outro local.

Espada

De acordo com uma antiga tradição, as espadas dos cavaleiros cristãos têm o copo (a proteção para a mão) desenhado de forma que a espada projete uma sombra semelhante a uma cruz. Desta forma, além de identificar seu possuidor com a fé em Cristo, ela pode tornar-se um instrumento de proteção contra demônios e maus espíritos.

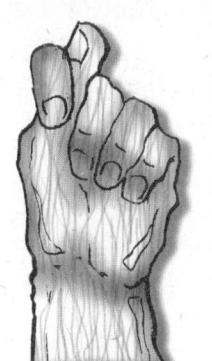

Figa

A figa é um dos mais prestigiados amuletos contra o mau-olhado. Existe um grande folclore a respeito da figa como amuleto protetor. Diz o povo, por exemplo, que a melhor figa é a que é achada; entretanto, quem perde uma figa não deve tentar encontrá-la novamente, pois ela levou consigo todo o mal. Às vezes, uma figa se parte; isto significa que havia algo de mau contra seu proprietário, que ela absorveu e anulou. É comum que a figa seja usada pendurada na nuca, para proteger seu dono contra todo o mal que é enviado pelas costas, enquanto que, na parte da frente do cordão, é colocado outro talismã ou uma imagem protetora. Outras formas de usá-la são em pulseiras, juntamente com outros amuletos, e em broches aparentes ou escondidos na parte interna da roupa. Existem figas de madeira, de plástico (em cores variadas) e de materiais nobres, como ouro, prata, coral, osso, azeviche, marfim, chifre e pedras preciosas. De acordo com a sua cor e o material de que é feita, considera-se que a figa tem um efeito protetor diferente. A preta (de madeira escura, azeviche ou chifre) protege contra o mau-olhado; a vermelha (de raiz de guiné, cujo lenho é avermelhado, e de coral vermelho) garante boa sorte; a amarela (de madeira clara ou de ouro) traz prosperidade e fartura;

a cor-de-rosa (de coral claro) é boa para auxiliar nos assuntos emocionais, preservando as boas recordações; a verde e a de arruda dão sorte e ajudam a realizar as esperanças, além de favorecer a saúde e a fecundidade; a branca (de marfim ou de osso) favorece as atividades mentais, proporcionando principalmente clareza de pensamentos, boa memória e criatividade; a azul e a de prata ajudam a ter sucesso, a adquirir honras e a atingir as metas pessoais.

Machado de Xangô (oxê)

Nas religiões afro-brasileiras, Xangô é o orixá do raio, do fogo celeste que é a arma da justiça divina. Na África, ele representa a tempestade da estação das chuvas, que faz as sementes germinarem; é o atirador de pedras, o dono dos meteoritos e das pedras esfaceladas por raios. Sua arma é o machado feito com uma pedra amarrada pelo meio em um cabo de madeira, a ferramenta do homem primitivo, a cruz neolítica. Segundo Frobenius, uma forma antiga do oxê, encontrada na África, tem dezesseis raios brotando do cabo, logo abaixo da pedra; eles representam as dezesseis direções do mundo que poderiam constituir o reinado de Xangô, onde ele exerce seu poder de soberano justiceiro. Outra forma de representação do oxê mostra o cabo esculpido como um homem, sendo que a pedra parece ser uma chama brotando sobre sua cabeça; isso lembra uma dança ritual de Xangô, na qual seus filhos levam na cabeça um pote com fogo aceso, simbolizando o elemento que dá poder ao orixá. A forma mais moderna e mais comum no Brasil é o machado feito em metal, com as duas lâminas simétricas, tendo cada uma delas o desenho de um raio. O oxê é um instrumento exclusivamente litúrgico, sendo portado pelo orixá em sua dança e fazendo parte de seu assentamento, além de ser usado como distintivo por seus filhos, preso em colar ou pulseira.

Trevo de quatro folhas

O trevo de quatro folhas, uma planta muito mais rara que o trevo comum, é um antíquíssimo amuleto de boa sorte. É possível que tenha sido a fonte de inspiração para o desenho da cruz pátea, que tem o feitio exato desse trevo, quando ele é seco com as folhas bem abertas. Atualmente, amuletos feitos com trevos secos e acondicionados em material transparente protetor são facilmente encontrados em lojas de artigos religiosos e mágicos. Ter um desses amuletos, ou ter uma muda de trevo plantada em um vaso, são consideradas excelentes formas de atrair a boa sorte.

Tridente de Exu

O significado do tridente foi discutido anteriormente. Como ferramenta de Exu, o tridente tem uso exclusivamente litúrgico, fazendo parte do assentamento da entidade.

ORAÇÕES E DEVOÇÕES

Sinal da Cruz
"Pelo sinal da Santa Cruz, livrai-nos, Deus nosso Senhor, de nossos inimigos. Em nome do (tocando a testa) Pai, (tocando o peito) do Filho e (tocando ombros direito e esquerdo) do Espírito Santo. Amém."
Quando, na missa, o padre anuncia a leitura do Evangelho, os fiéis fazem três pequenos sinais da cruz: na testa, na boca e no peito. A razão disso é a seguinte: ao fazer o sinal na testa, o devoto pede a Deus que sua cabeça seja iluminada para que possa compreender o Evangelho; com o sinal na boca, pede que ela seja abençoada para poder proclamar o Evangelho; com o sinal no peito, pede para guardar no coração e viver o Evangelho.

Pai-Nosso
"Pai nosso, que estais no céu, santificado seja o vosso nome. Venha a nós o vosso reino. Seja feita a vossa vontade, assim na terra como no céu. O pão nosso de cada dia nos dai hoje. Perdoai as nossas ofensas, assim como nós perdoamos a quem nos tem ofendido. Não nos deixeis cair em tentação, mas livrai-nos do mal. Amém."

Ave-Maria
"Ave Maria, cheia de graça! O Senhor é convosco. Bendita sois vós entre as mulheres e bendito é o fruto do vosso ventre, Jesus. Santa Maria, Mãe de Deus, rogai por nós, pecadores, agora e na hora da nossa morte. Amém."

Salve-Rainha

"Salve Rainha, mãe de misericórdia, vida, doçura, esperança nossa, salve. A vós bradamos, os degredados filhos de Eva; a vós suspiramos, gemendo e chorando neste vale de lágrimas. Eia, pois, advogada nossa, esses vossos olhos misericordiosos a nós volvei, e depois deste desterro mostrai-nos Jesus, bendito fruto do vosso ventre, ó clemente, ó piedosa, ó doce sempre virgem Maria.
– Rogai por nós, Santa Mãe de Deus.
– Para que sejamos dignos das promessas de Cristo."

Glória

"Glória ao Pai, ao Filho e ao Espírito Santo, como era no princípio, agora e sempre. Amém."

Exaltação à Santa Cruz

"Deus onipotente, cujo Filho, nosso Salvador Jesus Cristo, foi suspenso na cruz pela qual ele pôde atrair toda a humanidade para si, misericordiosamente permiti que nós, que nos rejubilamos no mistério da nossa redenção, possamos receber a graça de tomar nossa cruz e seguir a Ele que vive e reina convosco e com o Espírito Santo, Deus Uno, na glória eterna.
Deus, cuja paixão de vosso Filho bendito, tornado instrumento de uma morte infamante, permitiu-lhe tornar-se para nós o caminho da vida e da paz, concedei que nos rejubilemos na Cruz de Cristo, que possamos alegremente sofrer vergonha e dano por amor de vosso Filho nosso Salvador Jesus Cristo, que vive e reina convosco e com o Espírito Santo, Deus Uno, para todo o sempre. Amém."

Novena da Santa Cruz

"Jesus que, por causa de vosso inflamado amor por nós quisestes ser crucificado e derramastes vosso preciosíssimo sangue para redenção e salvação de nossas almas, inclinai-vos sobre nós e concedei-nos o que agora vos pedimos: (fazer o pedido).

Confiamos plenamente em vossa misericórdia. Limpai-nos do pecado por vossa graça; santificai nosso trabalho; dai-nos, e a todos que nos são queridos, o pão de cada dia; aliviai o peso dos nossos sofrimentos, abençoai nossas famílias e dai aos aflitos vossa paz, a única paz verdadeira, de modo que, obedecendo aos vossos mandamentos, possamos entrar na glória do céu. Amém."

Oração da Santa Cruz

(Sinal da cruz)

"Em nome do Pai, do Filho e do Espírito Santo. Jesus, que pela Santa Cruz vos tornastes nosso divino Salvador, fazei com que atravessemos nossa vida livres dos perigos e dos inimigos da nossa alma. Permiti que o precioso lenho da vossa Santa Cruz, que deu ao mundo o Fruto Divino da Redenção, sempre produza novos frutos de salvação e de graça como a que agora vos peço: (fazer o pedido).

Salve, preciosa e santíssima Cruz, que recebeste em teus braços nosso Senhor e Salvador! Salve, instrumento da minha redenção e garantia da minha felicidade eterna! Protege-me com tua sombra enquanto eu viver neste mundo terreno e abre-me as portas do céu para que em teu nome me acolha aquele que por meio de ti me salvou. Amém."

Oração da Cruz de Caravaca

"Salve, Santo Lenho, que, pela vontade de Deus, os anjos trouxeram da cidade abençoada de Jerusalém. Salve, verdadeiro amigo, protetor espiritual, que realmente sofreu os ataques dos inimigos e venceu. Salve, Jesus, Senhor dos Mundos; permiti, nosso Pai, que sejamos dignos de alcançar a sua ajuda.
Livra-me, Santo Lenho, das armadilhas do demônio, da perseguição dos inimigos ocultos e declarados, e faz com que eu mereça viver feliz por mérito do teu mistério. Concede que eu receba o que for merecido, pois sei que nada no mundo se passa sem que haja uma causa e a cada ação corresponde uma reação. Assim, Senhor, fazei com que eu tenha consciência dos meus erros e, aferrado à Cruz de Caravaca, eu melhore meus atos para alcançar a paz e as bem-aventuranças. Amém."
Rezar uma Ave-Maria e um Credo.

Oração ao Sagrado Coração de Jesus

"Lembrai-vos, ó dulcíssimo Jesus, que nunca se ouviu dizer que alguém, recorrendo com confiança ao vosso sagrado Coração, implorando a vossa divina assistência e reclamando a vossa infinita misericórdia, fosse por Vós abandonado. Possuído, pois, e animado pela mesma confiança, ó Coração Sagrado de Jesus, rei de todos os corações, recorro a Vós e me prostro diante de Vós. Meu Jesus, pelo vosso precioso sangue e pelo amor do vosso divino Coração, eu vos peço que não desprezeis as minhas súplicas, mas ouvi-as favoravelmente e dignai-vos atender-me. Amém."

Oração a Nossa Senhora das Graças

"Eu vos saúdo, ó Maria, cheia de graça! Das vossas mãos, voltadas para o mundo, chovem as graças sobre nós.
Nossa Senhora das Graças, vós sabeis quais são as graças que são mais necessárias para nós, vossos filhos; mas hoje eu vos peço, de maneira especial, que me concedais esta, que vos peço com todo o fervor da minha alma: (fazer o pedido).
Jesus é todo poderoso e vós sois a Mãe dele; por isto, Nossa Senhora das Graças, confio e espero alcançar o que vos peço. Amém."

Oração da Rosa Mística

"Virgem Imaculada, Senhora das Graças, Rosa Mística, em honra do Vosso Filho divino eu me ajoelho diante de vós implorando a misericórdia divina. Não por meus méritos, mas pela vontade do vosso Coração maternal, eu vos suplico que me concedais proteção e graça, com a certeza de que me haveis de atender.

Rosa Mística, Mãe de Jesus, Rainha do Santo Rosário, Mãe da Igreja, Corpo Místico em que Cristo se fez carne, eu vos peço que concedais ao mundo, dilacerado pela discórdia, a unidade, a paz e todas as graças que podem mudar o coração dos teus filhos.

Rosa Mística, Rainha dos Apóstolos, fazei florescer à volta da mesa da Eucaristia muitas vocações religiosas que difundam, com a santidade de sua vida e com o zelo apostólico pelas almas, o Reino do vosso Filho Jesus por todo o mundo; derramai sobre mim a abundância de vossas graças celestiais e atendei ao pedido que vos faço hoje."
Rezar uma Ave-Maria.

Oração ao Espírito Santo

"Vinde, Espírito Santo, enchei os corações de vossos fiéis e acendei neles o fogo de vosso amor.
Enviai o vosso espírito e tudo será criado.
E renovareis a face da Terra.
Ó Deus Espírito Santo, derramai sobre nós os vossos dons: o dom da sabedoria, que nos mantém voltados para o bem e o belo; o dom da inteligência, que nos faz ver onde está a verdade; o dom do conselho, que nos ajuda a escolher o que melhor nos convém; o dom da fortaleza, que nos dá coragem para enfrentar o mal; o dom da ciência, que nos faz compreender os sinais dos tempos; o dom da piedade, que nos faz ser autênticos na oração; o dom do temor, que nos faz fugir da maldade. Ó Deus, realizai agora, nos corações de vossos fiéis, as maravilhas que operastes no início da pregação do Evangelho. Amém."

Oração à Santíssima Trindade (oração da manhã)

"Santíssima e augustíssima Trindade, um só Deus em três pessoas, eu vos adoro com o mais profundo sentimento de humildade e de todo coração rendo as homenagens devidas à vossa soberana majestade. Meu Deus e meu Senhor, humildemente vos agradeço por todos os benefícios que até aqui me tendes feito, reconhecendo que por particular graça me fizestes chegar a este dia, que desejo empregar em vosso santo serviço. Para este fim ofereço desde já todos os meus pensamentos, palavras e ações, e proponho fugir dos pecados. Concedei-me, Senhor, vossa graça, para que eu guarde esta resolução e não pratique nenhuma ação que não seja animada por vosso amor ou que não seja dirigida à vossa glória. Amém."

Oração a Maria, Mãe da Unidade

"Virgem Maria, mãe do mundo encarnado, nossa mãe de fé, esperança e amor renovados, instilai-nos vosso apelo para a unidade, de modo que possamos ser unos em coração convosco e com a Santíssima Trindade. Mostrai-nos vosso caminho para a paz e conduzi-nos para a unidade em espírito e mente. Uni-nos, ó querida Mãe da Unidade, em uma canção de louvor e adoração a nosso Pai no céu, e tornai-nos uma família, uma fé, um amor oferecido ao Pai altíssimo. Conduzi-nos de volta para casa, ó bendita Virgem Maria, Mãe da Unidade. Amém."

Oração de Santa Rosa de Lima

"Santa Rosa de Lima, primeira flor de santidade do novo mundo, eu vos louvo e bendigo de todo o coração e com santa alegria. Edificastes a santa Igreja de Deus pela vossa pureza angélica, pela vossa paciência admirável e pelo vosso ardente amor a Jesus no Santíssimo Sacramento. Por essas vossas preciosas virtudes, ó Santa Rosa, alcançai-me com a vossa piedosa intercessão a graça que agora vos peço: (fazer o pedido). Afastai de mim os vícios e as más companhias, ajudai-me a ter virtude e paciência, orientai-me no caminho do bem. Rogai por mim, milagrosa e pura Santa Rosa, para que Jesus esteja sempre comigo, na vida e na morte, por toda a eternidade. Amém."

Novena de Santa Teresinha

"Santíssima Trindade, Pai, Filho e Espírito Santo em uma só Pessoa, eu vos agradeço todos os favores e todas as graças com que enriquecestes a alma de vossa serva Santa

Teresinha do Menino Jesus que, em sua curta existência, foi um modelo de pureza, de amor e de generoso abandono nas mãos de Deus. Pelos méritos de tão querida santa, concedei-me, meu Deus, a graça que agora vos peço: (fazer o pedido). Santa Teresinha, agora que gozais do prêmio das vossas virtudes, lançai um olhar de compaixão sobre mim, que em vós confio plenamente. Fazei vossa a minha aflição; pedi por mim à Virgem imaculada; suplicai-lhe que me obtenha a graça junto ao Coração de Jesus. Ajudai minha fé e minha esperança, cumprindo mais uma vez a promessa de que ninguém vos invocaria em vão. Dai-me a vossa bênção e fazei-me ganhar uma rosa, em sinal de que alcançarei a graça que pedi."
Rezar 24 vezes o Glória.
"Santa Teresinha do Menino Jesus, rogai por nós. Amém."

Oração de Santo André

(Sinal da cruz)

"Deus justo e misericordioso, que pelo ministério do bem-aventurado Santo André, apóstolo e mártir, fizestes germinar a semente da vossa palavra, aceitai a minha prece e fazei com que sintamos os doces efeitos da intercessão de vosso apóstolo junto da divina majestade. Santo André, protetor dos caluniados e dos injustamente processados, rogai por mim. Santo André, valei-me. Santo André, atendei-me."
Rezar um Pai-Nosso, um Ave-Maria e um Salve-Rainha.

Bênção de Santo Antônio

Um dos milagres atribuídos a Santo Antônio é o de ter aparecido em sonhos a uma pessoa que estava sendo atormentada por demônios. O santo entregou-lhe um pergaminho com uma oração, a "Bênção de Santo Antônio",

graças à qual a pessoa ficou livre dos obsessores. Essa oração, que o santo recitava como exorcismo para afugentar demônios, é usada na confecção do breve de Santo Antônio, considerado pelos devotos como uma excelente proteção contra todos os malefícios, feitiços e perigos. O breve é feito com um cartão ("santinho") com a imagem de Santo Antônio e com o verso em branco (pode ser colado um papel branco para este fim, se houver algo escrito no verso do cartão). Nesse lado branco é desenhada uma cruz (que pode ser uma cruz latina simples) e, por cima, é escrita a oração:
"Eis a cruz do Senhor.
Fugi, poderes inimigos.
Venceu o Leão de Judá,
descendente de Davi.
Aleluia, aleluia."

Oração de Santo Expedito

"Meu Santo Expedito das causas justas e urgentes, socorrei-me nesta hora de aflição e desespero; intercedei por mim junto a nosso Senhor Jesus Cristo. Vós, que sois o santo guerreiro; vós, que sois o santo dos aflitos; vós, que sois o santo dos desesperados; vós, que sois o santo das causas urgentes, protegei-me, dai-me força, coragem e serenidade. Atendei ao meu pedido: (fazer o pedido). Ajudai-me a superar estas horas difíceis; protegei-me de todos os que possam me prejudicar; protegei a minha família; atendei ao meu pedido com urgência; devolvei-me a paz e a tranqüilidade. Serei grato pelo resto de minha vida e levarei vosso nome a todos os que têm fé. Obrigado."
Rezar um Pai-Nosso e um Ave-Maria; fazer o sinal da cruz.

Oração de São Bento

"São Bento, meu bom pai, não me recuseis vossa eficaz intercessão junto a Deus todo poderoso. Abençoai minha intenção, auxiliai-me, não abandoneis vosso filho. Protegei-me contra todos os males, contra a malícia dos maus espíritos, contra os animais perigosos, contra as criaturas sem caridade, os caluniadores, os violentos, os maus. Dai-me força e coragem para vencer as dificuldades da vida e ser sempre fiel aos mandamentos do Senhor, constante na fé de nosso Senhor Jesus Cristo. Amém."

Oração de São David

"Deus todo poderoso, que tornastes Vosso servo David um fiel e sábio administrador de Vossos mistérios para o povo de Gales, misericordiosamente fazei com que, seguindo sua vida de pureza e de zelo pelo Evangelho de Cristo, possamos receber a coroa da vida eterna.
São David, rogai por nós, para que possamos nos elevar em busca de Deus e reverenciar a vós, São David, pomba entre os homens, nascido de uma santa mãe, que em Jerusalém fostes feito bispo e que levastes os galeses ao rebanho de Cristo.
Ajudai-me, São David, para que eu possa seguir vosso exemplo de diligência e de humildade; fazei com que não me falte alimento para o corpo e para o espírito; fazei com que em minha vida jorrem sempre as fontes da esperança e da consolação, inundando a terra árida e a alma deserta. Bendito São David, fazei com que, por vossa intercessão, Deus me abençoe e me circunde com seu amor. Por Cristo nosso Senhor, que vive e reina convosco e com o Espírito Santo, Deus uno, agora e sempre, por todos os séculos dos séculos. Amém."

Oração de São Dimas

"Glorioso São Dimas, agonizastes junto à cruz do nosso Salvador e junto de Maria, Mãe e refúgio dos pecadores. Fostes a primeira conquista de Jesus e de Maria no Calvário. Fostes o primeiro santo canonizado pelo próprio Jesus Cristo, que vos garantiu o reino dos céus. Eis porque hoje, prostrado aos vossos pés, a vós recorro confiando na infinita misericórdia que no Calvário vos santificou, nas chagas de Jesus crucificado, nas dores e nas lágrimas de Maria Santíssima. Na minha grande aflição, humilhado por meus grandes pecados, mas tudo esperando de vossa valiosa proteção, eu vos peço que intercedais por mim. Valei-me, alcançai-me a graça que ardentemente vos suplico: (fazer o pedido)."
Rezar um Pai-Nosso, um Ave-Maria e um Glória.

Oração de São Jorge

"Que o sangue do Senhor caia sobre mim. Que meus inimigos, vivos e mortos, fujam de mim. Quem na Cruz morreu, responda por mim. Jesus me dê paz e me guie. Recomendo-me a Deus, à Virgem Maria, minha mãe, e aos doze Apóstolos, meus irmãos. Andarei, dia e noite, cercado e circundado pelas armas de São Jorge, o guerreiro intrépido. O meu corpo não será preso nem ferido, nem meu sangue derramado. Meus inimigos terão mãos e não me ferirão; pés, e não me alcançarão; olhos, e não me verão; ouvidos, e não me escutarão; boca, e não me ofenderão. Andarei tão livre, como andou nosso Senhor Jesus Cristo nove meses no ventre de Maria Santíssima. Amém."
Rezar um Pai-nosso e um Ave-maria.

Bênção Celta da Família

"Que a Santíssima Trindade seja minha fortaleza e minha proteção. Vinde e circundai meu coração e minha família. Defendei minha casa contra os perigos e os pecados. Dai-nos paz durante toda a noite, até o dia voltar."

Bênção noturna dos Quatro Evangelistas

"Quatro cantos em minha cama, quatro anjos em minha cabeça, Marcos, Mateus, Lucas e João; Deus abençoe esta cama e quem irá dormir nela. Deus abençoe a mim, a esta casa e a esta família."

Bênção de São Patrício

"Possam Cristo e Seus santos estar entre mim e os perigos. Maria e Seu Filho, São Patrício e seu cajado, São Martinho e seu manto, Santa Brígida e seu véu, São Miguel e seu escudo. E Deus sobre todos, com a mão direita estendida."

Oração de São Lázaro

"Querido patrono e protetor dos pobres e dos doentes, com esta prece eu peço a vossa assistência para que, com a ajuda do Espírito Santo, possa nosso Senhor proteger-me durante a doença e devolver-me a saúde. São Lázaro, pedi a Deus por mim. Dai-me a força para resistir a todas as tentações na terra, em nome do Pai, do Filho e do Espírito Santo. Amém."

Oração a Cristo, Rei do Universo

"Jesus Cristo, eu Vos reconheço como Senhor do universo. Tudo que existe foi criado por Vós. Exercei sobre mim os Vossos poderes. Eu renovo minha promessa de renunciar ao mal e prometo aplicar todas as minhas forças em busca do triunfo dos direitos de Deus. Divino Coração de Jesus, eu vos ofereço as minhas pequenas ações para obter que todos os corações reconheçam Vossa sagrada realeza e para que o reino da Vossa paz possa ser estabelecido em todo o universo. Amém."

Novena de Natal

Deve ser iniciada no dia 16 de dezembro, terminando no dia 24.

"Louvados e abençoados sejam a hora e o momento em que o Filho de Deus nasceu de uma muito pura Virgem em um estábulo, à meia-noite, em Belém, em meio a um frio penetrante. Dignai-vos nesta hora, eu vos imploro, escutar a minha prece e atender ao meu pedido: (fazer o pedido).
Por Jesus Cristo e Sua Santíssima Mãe. Amém."

Oração do Terceiro Milênio

"Senhor Jesus, que é a plenitude dos tempos e o Senhor da história, preparai nossas mentes para o novo milênio de Vossa glória. Que ele possa ser um tempo de graça e misericórdia. Dai-nos um coração puro e simples, que possa contemplar com espanto sempre renovado o mistério da Encarnação, quando Vós, o filho de Deus, no ventre da Virgem, santuário do Espírito, Vos tornastes nosso irmão. Jesus, início e realização do novo homem, convertei nossos corações, para que, abandonando os erros, possamos seguir Vossos passos na nossa vida. Fazei-nos viver Vossa fé com firmeza, cumprindo nossas promessas batismais, testemunhando com convicção Vossas palavras, para que a luz vivificante do Evangelho possa brilhar em nossas famílias e na sociedade. Glória a Cristo, hoje e sempre. Amém."

Oração de São Tiago

"Glorioso São Tiago, por causa do vosso fervor e generosidade, Jesus vos elegeu para testemunhar Sua glória no Monte e sua agonia no Jardim. Obtende para mim, vosso devoto, força e consolação nas dificuldades da vida. Ajudai-me, particularmente, atendendo ao pedido que hoje vos faço: (fazer o pedido). Ajudai-me a seguir Cristo generosamente, a ser vitorioso sobre as dificuldades e a merecer a coroa da glória no céu. Amém."

Oração a Cristo Ressuscitado

"Glorioso Senhor Jesus Cristo. Conforme a Vossa vontade, Vosso glorioso corpo foi descido da cruz do martírio e posto nos braços de Vossa Mãe aflita, envolvido em lençóis e sepultado. No terceiro dia levantastes da morte e vos manifestastes vivo àqueles que escolhestes. Quarenta dias depois, na presença de numerosas testemunhas, subistes aos céus e estabelecestes na glória do reino de Deus os amigos que livrastes do poder da morte. Fazei agora por mim, Jesus, o que fizestes por eles: livrai-me das trevas que me envolvem e devolvei-me a paz. Para isso, atendei especialmente, eu Vos imploro, ao pedido que Vos faço hoje: (fazer o pedido). Em nome do Pai, do Filho e do Espírito Santo. Amém."

Oração de São João Batista

"São João Batista, príncipe dos profetas, precursor do Redentor, que fostes grande diante do Senhor e digno de muitas graças, eu vos peço que intercedais por mim junto a Jesus e à Virgem Maria, para que eu alcance a graça que hoje peço: (fazer o pedido). Abençoai minha casa e todos os que nela vivem, e dai-me o poder de amar e servir a Jesus e à Sua Santíssima Mãe durante toda a minha vida, para que eu possa gozar da bem-aventurança no céu. Amém."

Oração de São Pedro

"São Pedro, príncipe dos apóstolos, quando Jesus Cristo vos fez a pedra da sua igreja, deu-vos três chaves com santos poderes sobre os segredos da terra e do céu e disse que tudo que ligardes na terra, estará ligado no céu, e tudo que desligardes na terra, estará desligado no céu. A primeira chave é de ferro, abre e fecha as portas da felicidade na terra; a segunda é de prata, abre e fecha as portas da sabedoria; a terceira é de ouro, abre e fecha as portas da vida eterna.
Glorioso São Pedro, desligai-me na terra dos caminhos do mal e ligai-me aos do bem, para que assim eu possa estar no céu. Com a chave de ferro, abri as portas que se fecharam diante de mim; com a chave de prata, iluminai meu espírito, para que eu me afaste do mal e procure o bem; com a chave de ouro, abri as portas do paraíso, quando chegar a hora da minha morte. Em nome do Pai, do Filho e do Espírito Santo. Amém."

Oração de São Clemente

"São Clemente, fostes martirizado em nome da fé em Cristo, que nunca abandonastes. Em nome dessa mesma fé, eu hoje vos peço que intercedais junto a Jesus, Aquele que sempre foi o protetor das crianças que tanto amastes e que glorificou vosso martírio com a honra de ser pescador de almas para Cristo. Levai-lhe o pedido que hoje vos faço: (fazer o pedido). Intercedei por mim, pela minha família e por todas as crianças do mundo, para que gozemos de saúde física e espiritual. Amém."

Oração de São Cipriano

"São Cipriano, que fostes injustamente perseguido e aprisionado em nome da unidade da fé cristã, intercedei por mim junto a nosso Senhor Jesus Cristo. Protegei-me de meus inimigos, de sua inveja e de suas ações malignas. Protegei-me das calúnias, das injúrias e da crueldade dos que perseguem a mim e à minha família. Ajudai-me a tornar-me uma pessoa melhor, seguindo o caminho de Deus.
Sábio e bondoso São Cipriano, ajudai também aos criminosos arrependidos, aos que estão sendo punidos por seus erros e aos que sofrem no abandono e na miséria. Abençoai-os e dai-lhes esperança, pureza de coração e sinceridade de propósitos, para que possam vencer suas dificuldades. Amém."

Oração de São Bartolomeu

"Glorioso São Bartolomeu, Jesus disse que sois uma pessoa sem malícia, e vós vistes nas Suas palavras um sinal de que ele era o Filho de Deus e Rei de Israel. Obtende para vossos devotos a graça de sermos simples e inocentes como pombas. Ajudai-nos a ter a vossa fé para que possamos ver a mão de Deus nos pequenos acontecimentos do dia-a-dia. Intercedei junto a Cristo, levando-lhe o pedido que hoje vos faço, certo de que logo verei os sinais da vontade divina em minha vida (fazer o pedido). Finalmente, conduzi-me na peregrinação pela vida terrena, para que eu possa unir-me a Jesus no céu após a morte. Amém."

Credo

"Creio em Deus Pai todo poderoso, criador do céu e da terra; e em Jesus Cristo, seu único Filho, nosso Senhor, que foi concebido pelo poder do Espírito Santo, nasceu da Virgem Maria, padeceu sob Pôncio Pilatos, foi crucificado, morto e sepultado, desceu à mansão dos mortos, ressuscitou ao terceiro dia, subiu aos céus e está sentado à direita de Deus Pai todo poderoso, de onde há de vir a julgar os vivos e os mortos; creio no Espírito Santo, na Santa Igreja Católica, na comunhão dos Santos, na remissão dos pecados, na ressurreição da carne e na vida eterna. Amém."

Via Sacra

Oração preparatória:
– Meu Senhor e meu Deus, eu vos ofereço este exercício de piedade em memória do vosso sofrimento no caminho do calvário e na intenção de ganhar indulgências que aplico a mim e às almas do purgatório.

Ao iniciar a meditação de cada Estação:
– Nós vos adoramos, Senhor Jesus Cristo, e vos bendizemos.
– Porque pela vossa santa cruz remistes o mundo.

No final de cada Estação:
– Meu Jesus, misericórdia.
– Doce Coração de Maria, sede minha salvação.

Primeira Estação: Jesus é condenado à morte.
– Meu Jesus Cristo, pela sentença de morte que recebestes, para redimir nossos pecados, livrai-nos da morte eterna que tantas vezes merecemos.

Segunda Estação: Jesus toma a cruz no ombros.
– Jesus, pela dor que sofrestes ao carregar vossa cruz, dai-me forças para carregar a cruz das minhas penas e dos meus trabalhos.

Terceira Estação: Jesus cai pela primeira vez.
– Pela dor e humilhação que padecestes ao cair sob o peso dos nossos pecados, dai-me coragem para levantar e seguir meu caminho.

Quarta Estação: Jesus encontra sua Mãe aflita.
– Amado Jesus e Mãe santíssima! Pela dor que sofrestes ambos ao vos encontrardes no caminho do calvário, peço-vos que acompanheis as minhas penas.

Quinta Estação: Simão Cirineu ajuda Jesus a levar a cruz.
– Jesus, pela ajuda que recebestes, sede Cirineu para mim, ajudando-me sempre em meu caminho, e fazei-me ser Cirineu para os necessitados.

Sexta Estação: Verônica enxuga o rosto de Jesus.
– Meu Jesus, pelo alívio que Verônica deu aos vossos sofrimentos, limpai minha alma para que eu possa ver-vos nos pobres e nos rejeitados.

Sétima Estação: Jesus cai pela segunda vez.
– Senhor Jesus, perdoai os erros repetidos, que vos fizeram cair novamente; dai-me a graça de não cair novamente.

Oitava Estação: Jesus consola as mulheres de Jerusalém.
– Jesus, dai-me um coração igual ao vosso, para que eu possa esquecer minhas penas e consolar aqueles cujas dores são ainda maiores.

Nona Estação: Jesus cai pela terceira vez.
– Jesus, pela dor que sofrestes ao cair pela terceira vez, peço-vos que perdoeis meus pecados e que me livreis das culpas quotidianas.

Décima Estação: Jesus é despido.
– Jesus, aceitastes pela humanidade tornardes-vos o mais pobre entre os pobres; dai-me a graça de tornar-me puro e despido de pecados.

Décima-primeira Estação: Jesus é pregado na cruz.
– Meu Jesus, pelas dores cruéis que sofrestes quando fostes pregado na cruz, peço-vos que torneis minha vontade uma com a vossa para sempre.

Décima-segunda Estação: Jesus morre na cruz.
– Jesus, que morrestes para que eu viva, perdoai meus pecados que foram os pregos que vos martirizaram e a lança que vos trespassou.

Décima-terceira Estação: Jesus é descido da cruz.
– Santa Maria, Mãe aflitíssima, pela tristeza que sofrestes ao ver vosso Filho morto, permiti que eu o adore junto a Vós.

Décima-quarta Estação: Jesus é sepultado.
– Santa Maria, Mãe dolorosa, perdoai meu pecados que vos fizeram sofrer e recebei-me junto a vós na hora da minha morte.

Décima-quinta Estação: Jesus ressuscita.
– Deus, que nos salvastes com o sangue de vosso Filho, permiti que a luz da ressurreição ilumine nosso caminho para sempre.

Rosário de Nossa Senhora

O Rosário é uma série de 150 orações ligadas a meditações sobre os mistérios das vidas de Jesus e de Maria. O terço tem 50 contas, correspondendo à terça parte de um rosário (daí seu nome); por isso, as meditações do rosário são divididas em três grupos: os mistérios gozosos (rezados às segundas e quintas-feiras), os mistérios dolorosos (rezados às terças e sextas-feiras) e os mistérios gloriosos (rezados às quartas-feiras e aos sábados). Aos domingos, deve ser feita a devoção inteira.

O modo de rezar o rosário é o seguinte:
Fazer uma oração de oferecimento do terço a Jesus.
No crucifixo – rezar o Credo.
Na primeira conta – rezar um Pai-Nosso.
Nas três contas seguintes – rezar uma Ave-Maria em cada uma.
Na quinta conta – rezar um Glória.
Na junção – rezar um Pai-Nosso.
Em cada conjunto de dez contas – anunciar o mistério sobre o qual irá meditar e rezar uma Ave-Maria em cada conta, procurando manter a imagem mental do mistério.
Nas contas maiores de separação, – rezar um Pai-Nosso e um Glória.
Na junção, depois de fazer as cinco séries, – rezar um Salve-Rainha.

Mistérios gozosos:
O arcanjo Gabriel anuncia a Maria que ela vai ser Mãe do Salvador.
Nossa Senhora, já grávida, visita a prima Santa Isabel, grávida de João Batista.
Jesus nasce na gruta em Belém.
O Menino Jesus é apresentado no templo.
Jesus é encontrado no templo entre os sábios.

Mistérios dolorosos:
Jesus agoniza no horto das oliveiras.
Jesus é flagelado, amarrado a uma coluna.
Jesus recebe a coroa de espinhos.
Jesus leva a cruz até ao monte Calvário.
Jesus é crucificado e morto.

Mistérios gloriosos:
Jesus Cristo ressuscita.
Jesus Cristo ascende aos céus.
O Divino Espírito Santo desce sobre Maria e os apóstolos.
Nossa Senhora ascende aos céus.
Nossa Senhora é coroada Rainha do céu e da terra.

BIBLIOGRAFIA

BARTH, Pe. Adalíbio (org.). *Orações e devoções populares*
  5ª edição. São Paulo: Loyola, 1995.
BERNARDI, Frei Orlando (org.). *Orações do povo de Deus*
  13ª edição. Petrópolis: Vozes, 1996.
BIEDERMAN, Hans. *Dicionário Ilustrado dos Símbolos*
  (Tradução de Glória Paschoal de Camargo).
  São Paulo: Melhoramentos, 1993.
CAMPBELL, Joseph. *As transformações do mito através do tempo*
  (Tradução de Heloysa de Lima Dantas).
  São Paulo: Cultrix, s/d.
CASCUDO, Luís da Câmara. *Dicionário do Folclore Brasileiro.*
  Rio de Janeiro: Edições de Ouro, s/d.
CHEVALIER, Jean e Gheerbrant, Alain. *Dicionário de Símbolos*
  (Tradução de Vera da Costa e Silva e outros).
  Rio de Janeiro: José Olympio, 1988.
CIRLOT, Juan Eduardo. *Diccionario de Símbolos.*
  Barcelona, Labor, 1969.
COSTA, Tancredo. *O Segredo da Cruz.*
  Campinas (SP), Instituto Nacional de Literatura Sagrada, s/d.
DONATO, Hernâni. *Dicionário de Mitologia* (América e África).
  São Paulo: Cultrix, s/d.
ENCYCLOPAEDIA BRITANNICA 15ª edição.
  CHICAGO - EUA: Encyclopaedia Britannica, 1984.
FROBENIUS, Leo. *Mythologie de l'Atlantide*
  (Tradução de F. Gidon).
  Paris: Payot, 1949.
GUIA DE TODOS OS SANTOS (coleção).
  São Paulo: Escala, s/d.
HUXLEY, Francis. *O sagrado e o profano: duas faces da mesma moeda*
  (Tradução de Raul José de Sá Barbosa).
  Rio de Janeiro: Primor, 1977.
JUNG, Carl Gustav. *Símbolos da Transformação*
  (Tradução de Eva Stern).
  Petrópolis – RJ: Vozes, 1986.
LANGHANS, F. P. de Almeida. *Heráldica: ciência dos temas vivos.*
  Lisboa: Fundação Nacional para a Alegria no Trabalho, 1966.
LIVRO TRADICIONAL DA CRUZ DE CARAVACA, O 8ª edição.
  Rio de Janeiro, Pallas, 2000.
PIOBB, P.V. *Formulário de Alta Magia* (Tradução de Louisa Ibañez).
  Rio de Janeiro: Francisco Alves, 1982.
SGARBOSSA, Mario e Giovannini, Luigi. *Um santo para cada dia.*
  São Paulo: Paulus, 1996.
SPALDING, Tassilo Orpheu. *Dicionário de Mitologia* (Europa, Oriente Médio, Ásia).
  São Paulo: Cultrix, s/d.
TODO DIA É DIA SANTO (coleção).
  São Paulo: Canaã, 1999.
WEBSTER'S THIRD NEW INTERNATIONAL DICTIONARY.
  Chicago – EUA: G & G Merriam, 1981.
http://www.digiserve.com/heraldry
http://www.fastlane.net/~wegast/symbols/
http://www.heraldica.org
http://www.straightdope.com

ÍNDICE REMISSIVO

Aberta, Cruz - ver Vazada
Abraço do Pai, Cruz do - ver Misericórdia
Abrochada, Cruz 31
Acessórios nas cruzes, Uso em heráldica de 30
Agnus Dei, Cruz do - ver Ressurreição
Alcântara, Cruz de - ver Calatrava
Alfa-ômega, Cruz 49
Aliança judaica, Cruz da 22
Ameiada, Cruz 32
Âncora, Cruz 50
Ancorada, Cruz 32
Anelada, Cruz 32
Ankh - ver Ansada
Ansada, Cruz 20
Ansata, Crux - ver Ansada
Anserada, Cruz 32
Antigo Testamento, a cruz no 22
Apostolado, Cruz do - ver Sagrado Coração de Jesus
Árvore da Vida 16, 27
Árvore das Emanações 17
Árvore das Sefirot - ver Árvore das Emanações
Aspa, Cruz em 65
Ave-maria 85
Avelanada, Cruz 33
Avis, Cruz de 70
Axial, Cruz - ver Tríscele
Batismal, Cruz 33
Bênção - ver o nome procurado
Besante, Cruz 33
Bifurcada, Cruz 34
Bispo, Cruz de - ver Latina Simples
Bizantina, Cruz 50
Botonada, Cruz 34
Breve de Santo Antônio - ver Santo Antônio
Brotada, Cruz 50
Bússola 15
Cabala, Árvore da - ver Árvore das Emanações
Cabeada, Cruz 34
Cajado de Oxalá - ver Oxalá
Calatrava, Cruz de 71
Calvária, Cruz 51
Capitata, Crux - ver Latina
Capuchinhos, Cruz dos 51
Caravaca, Cruz de 51, 78
Caravaca, Oração da Cruz de 88
Celta da Família, Bênção 96
Celta, Cruz 52
Chakra 15
Chave da Vida - ver Ansada

Chaveada, Cruz 34
Chefe-pala - ver Tau
Ciganos, Cruz dos - ver forquilha
Cinco Chagas, Cruz das - ver Jerusalém
Circunscrita, Cruz 16
Commissa, Crux - ver Tau
Conquistador, Cruz do 35
Constantiniana, Cruz 71
Constantino, Cruz de - ver Cristograma
Copta, Cruz 35
Cordoada, Cruz 36
Cores e pedras preciosas na heráldica 30
Cores e planetas na heráldica 30
Cores, Representação monocromática
    ou em relevo das 29
Cores, Significado na heráldica das 30
Corpo humano, Cruz latina como 19
Corpo humano, Cruz neolítica como 18
Corpo humano, Cruz quadrada como 19
Corrente, Cruz em 66
Credo 101
Crisântemo 15
Cristianismo 21, 26
Cristo Rei do Universo, Oração a 97
Cristo Ressuscitado, Oração a 98
Cristo, Cruz de 72
Cristograma 66
Crucificação 25
Crucifixo 53
Cruzados, Cruz dos - ver Jerusalém
Cruzeiro 80
Cruzes cristãs - ver tipos
Cruzetada, Cruz 36
Decussata, Crux - ver Aspa
Degradada, Cruz 36
Denteada, Cruz
Desenho das cruzes, O 28
Dia, Partes do 9
Eixo do Mundo - ver Mundo
Emanações, Árvore das - ver Árvore das Emanações
Emblemáticas, Cruzes 27
Encruzilhada 81
Engrinaldada, Cruz 53
Escalada, Cruz 54
Espaço, Direções do 8
Espada 82
Espiralada, Cruz 37
Espírito Santo, Cruz do 37
Espírito Santo, Oração ao 90

Estações do ano 8
Estelada, Cruz 37
Evangelistas, Cruz dos 38
Exu, Tridente de 18, 84
Família, Benção da - ver Celta
Figa 13, 82
Figas, Cruz com 78
Flechada, Cruz 38
Flordelisada, Cruz 38
Florida, Cruz 39
Formas das cruzes cristãs 27
Formas das cruzes, Uso em heráldica das 29
Formée, Cruz - ver Modelada
Forquilha, Cruz em 23
Forquilhada, Cruz 39
Gamada, Cruz 21, 39
Gamadion - ver gamada
Gesta, Cruz de - ver Celta
Glória 86
Gnóstica, Cruz 25
Grega, Cruz 40
Habitada, Cruz 40
Heráldicas, Cruzes 27
Hippies, Emblema dos - Ver Paz
Hospitalários de São João, Ordem dos - ver São João
Hospitalários de São Lázaro, Ordem dos - ver São Lázaro
Immissa, Crux - ver Latina
Incas, cruz dos 22
Iorubá, a cruz na cosmogonia 9
Jerusalém, Cruz de 72
Jesus, Suplício de 26
Jubileu, Cruz do - ver Terceiro Milênio
Labirinto 13
Ladrões, Cruz dos - ver Forquilhada
Latina Flordelisada, Cruz 54
Latina Florida, Cruz 54
Latina Simples, Cruz 55
Latina, Cruz 49
Lingam-yoni 12
Litúrgicas, Cruzes 27
Lorena, Cruz de 55
Losangulada, Cruz 40
Lótus 15
Lua, Fases da 8
Lunada, Cruz 41
Machado de lâmina dupla - ver marreta
Manhã, oração da - ver Santíssima trindade
Maria, Mãe da Unidade - ver Unidade
Machado de Xangô - ver Xangô
Madeira, Cruz de 79
Malta, Cruz de - ver São João
Maltesa, Cruz 41
Mandala 14

Mariana, Cruz 56
Marreta 16
Martelo de cabeça dupla - ver marreta
Martelo de Thor - ver Thor
Medalha Milagrosa, Cruz da - ver Mariana
Menorá 17
Metodistas, Cruz dos 56
Miölnir - ver Thor
Misericórdia, Cruz da 57
Mistério, Religiões de 25
Mística, Cruz 66
Misticismo cristão, a cruz no 27
Modelada, Cruz 41
Moinho, Cruz de 42
Montesa, Cruz de - ver Calatrava
Mundo, Eixo do 12
Natal, Cruz do 57
Natal, Novena de 97
Navajo, Cruz como símbolo 14
Naval, Cruz 42
Noite, Oração da - ver quatro evangelistas
Nossa Senhora das Graças, Oração a 89
Novenas - ver o nome procurado
Opa Oranian - ver Mundo
Opaxorô - ver Oxalá
Orações - ver nome procurado
Orações e Devoções 85
Orbe, Cruz com - ver Triunfante
Ordens Militares, Cruzes de 70
Orfeu crucificado 25
Oriental, Cruz 58
Orixás, cruz dos caminhos dos 9
Ovalizada, Cruz 42
Oxalá, Cajado de 77
Oxê - ver Xangô
Pai-nosso 85
Paixão, Cruz da 58
Pálio, Cruz 68
Palma benta, Cruz de 79
Panejada, Cruz 58
Papal, Cruz 59
Pátea, Cruz 42
Patée, Cruz - ver Pátea
Patriarcal, Cruz 59
Paxorô - ver Oxalá
Paz, Símbolo da 24
Planta de templos, Cruz como 19
Pommée, Cruz - ver Abrochada
Pontos cardeais 8
Poseidon, Tridente de 18
Potenciada, Cruz 43
Potent, Cruz - ver Potenciada
Potentéia, Cruz - ver Potenciada

Proteção da casa, Cruz para 80
Quadrada, Cruz 31
Quadrangulada, Cruz 43
Quadrata, Crux - ver Quadrada
Quatro Evangelistas, Bênção Noturna dos Querubins 22
Qui-rô, Cruz - ver Cristograma
Raios e tempestades, Cruz para proteção contra - ver Palma
Raios, Roda com 15
Ressurreição, Cruz da 59
Roda - ver Raios
Rodes, Ordem dos Cavaleiros de - ver São João
Rosa Mística, Cruz da 60
Rosa Mística, Oração da 89
Rosácea 14
Rosário de Nossa Senhora 104
Sagrado Coração de Jesus, Cruz do 60
Sagrado Coração de Jesus, Oração ao 88
Salve-rainha 86
Santa Cruz, Exaltação à 86
Santa Cruz, Novena da 87
Santa Cruz, Oração da 87
Santa Maria em Jerusalém, Ordem Teutônica de - ver Teutônica
Santa Rosa de Lima, Cruz de 61
Santa Rosa de Lima, Oração de 91
Santa Teresinha, Cruz de 61
Santa Teresinha, Novena de 91
Santiago da Espada, Cruz de 73
Santiago de Compostela - ver Santiago da Espada
Santíssima Trindade, Cruz da 43
Santíssima Trindade, Oração à 90
Santo André, Cruz de 67
Santo André, Oração de 92
Santo Antônio, Bênção de 92
Santo Antônio, Breve de 93
Santo Antônio, Cruz de 68
Santo Expedito, Cruz de 62
Santo Expedito, Oração de 93
Santo Sepulcro, Cruz do - ver Jerusalém
São Bartolomeu, Cruz de 44
São Bartolomeu, Oração de 100
São Bento de Avis, Ordem de - ver Avis
São Bento, Cruz de 44
São Bento, Oração de 94
São Cipriano, Cruz de 62
São Cipriano, Oração de 100
São Clemente, Cruz de - ver Âncora
São Clemente, Oração de 100
São David, Cruz de 45
São David, Oração de 94
São Dimas, Cruz de 69
São Dimas, Oração de 95
São João Batista, Oração de 99
São João, Cruz de 74
São Jorge, Cruz de 46
São Jorge, Oração de 95
São Lázaro, Cruz de 75
São Lázaro, Oração de 96
São Patrício, Cruz de 67
São Patrício, Bênção de 96
São Pedro, Cruz de 63
São Pedro, Oração de 99
São Tiago, Oração de 98
Sefirot, Árvore das - ver Árvore das Emanações
Senhor do Bonfim, Cruz do - ver crucifixo
Senhor dos Passos, Cruz do - ver Latina Simples
Serpente 14
Shiva, Tridente de 18
Sinal da Cru 85
Solidariedade, Cruz da - ver Tucum
Suástica, Cruz 20, 39
Taoísmo, Cruz como símbolo no 15
Tau, Cruz 69
Templária, Cruz 75
Templários, Cruz dos - ver Templária
Templo de Jerusalém, Ordem dos Cavaleiros do - ver Templária
Tempo, Direções no 8
Terceiro Milênio, Cruz do 47
Terceiro Milênio, Oração do 97
Teutônica, Cruz 76
Teutônicos, Cruz dos Cavaleiros - ver Teutônica
Thor, Martelo de 17, 21
Tipos de cruzes cristãs segundo uso 27
Três braços, Cruzes de 68
Trevo de quatro folhas 84
Triangulada, Cruz 48
Tridente 18, 84
Trifoliada, Cruz 48
Tríscele 23
Trishula - ver Shiva
Triskelis - ver Tríscele
Triunfante, Cruz 63
Tucum, Cruz de 64
União, Cruz como símbolo de 12
Unidade, Cruz da 64
Unidade, Oração a Maria, Mãe da 91
Vazada, Cruz 49
Velada, Cruz 65
Via Sacra 101
Vitória, Cruz da - ver Triunfante
Vitorioso, Cruz do - ver Conquistador
Xangô, Machado de 17, 83

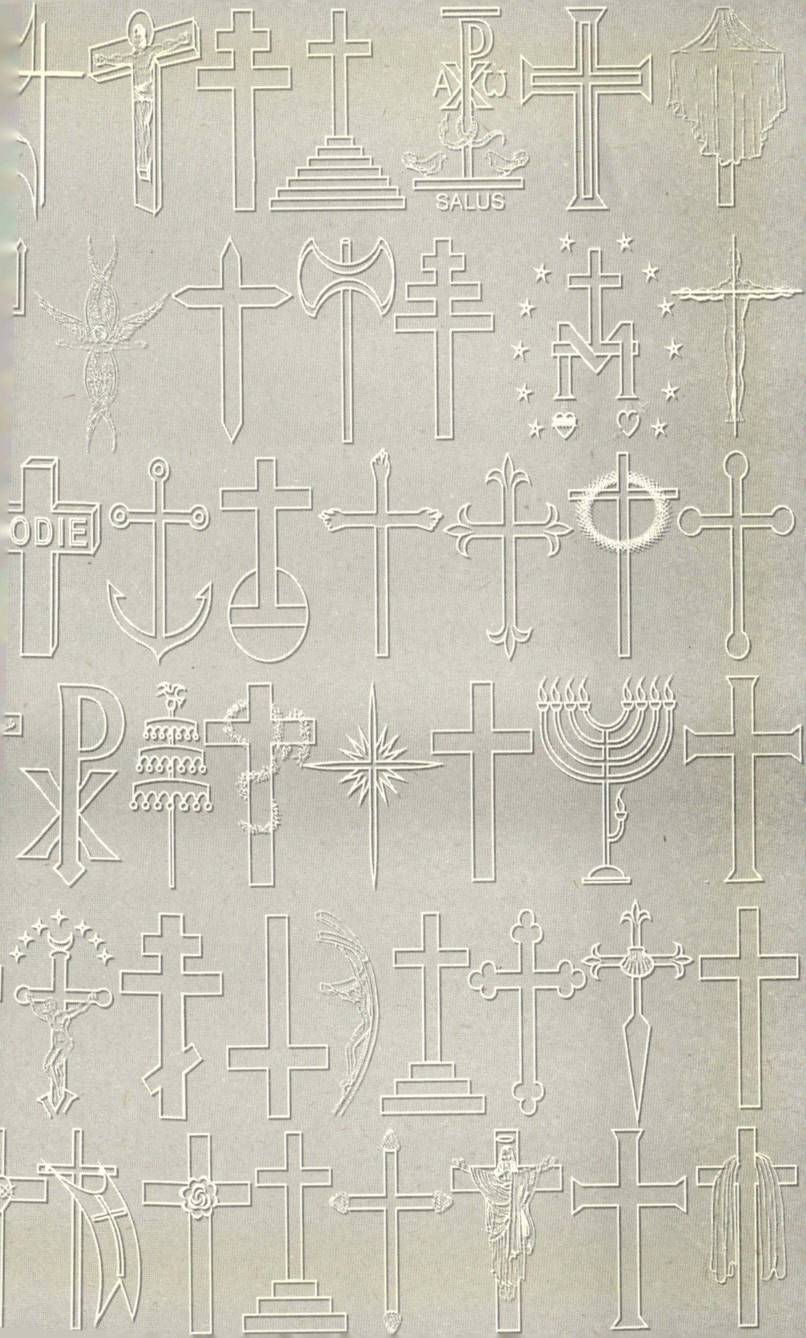
SALUS
ODIE

SALUS

HODIE